추천사

●

불안해지면 시야가 좁아진다. 넘어가도 될 디테일이 낱낱이 보이고 다 중요해 보인다. 이럴 때일수록 줌아웃이 필요하다. 한덕현 교수는 니체 철학으로 불안한 인생에 좁아진 시야를 넓혀보라고 말한다. 한 발 뒤에서 넓게 봐야 지금 내 고통의 실체가 보인다고.

그렇다고 이해하기 어려운 철학적 설명만 하지는 않는다. 고백하기 부끄러웠을 수 있는 개인적 흑역사를 솔직하게 오픈하며 자기 자신도 여러 번 실패했고, 불안해왔다고 말한다. 여기에 오랜 상담 경험을 더하니 이야기가 하나하나 구체적이고 생생하다.

철학과 솔직함이란 두 개의 칼을 들고 이도류를 구사하는 저자를 따라가다 보면 어느새 마음이 단단해진 나를 발견할 수 있을 것이다. 인생의 변곡점에서 마음이 위태롭다 느낄 때, 꼭 필요한 책이다.

— **하지현**(정신건강의학과 전문의,《고민이 고민입니다》저자)

●

이 책의 저자를 평소에 많이 부러워했다. 내가 아는 사람 중에 가장 스마트하면서도 열정적인 사람이기 때문이다. 특히 본인이 좋아하는 스포츠 정신 의학이라는 분야를 개척하고 한 걸음씩 파고드는 모습은, 같은 정신과 의사로서 나에게 감동을 준다. 책을 읽어보니 이제는 글도 잘 써 자괴감까지 느껴질 지경이다.

이 책은 오랜 기간 스포츠 선수들의 멘탈을 코칭한 저자의 경험을 바탕으로 한, '단단한 마음 만드는 법'이다. 정신분석이론, 뇌 과학 등 기초 지식이 튼튼한 것도 빼놓을 수 없는 장점이다. 많은 독자들이 이 책을 통해 불안을 다스리고 성장하는 데 도움을 받았으면 좋겠다.

— **윤홍균**(정신건강의학과 전문의,《자존감 수업》저자)

한덕현 교수를 만나 이야기를 나눌 때면 언제나 이런 생각이 들곤 했다. '왜 철학자가 되어야 할 사람이 의사를 하고 있지?' 그 이유는 그가 인간의 수많은 마음들을 철학자처럼 진지하게 들여다보고 깊게 고민하기 때문이다. 하지만 그 고민의 방법은 그 어떤 과학자도 따라올 수 없을 만큼 치밀하다. 이 책은 철학자의 가슴과 과학자의 머리를 모두 가지고 인간이 가장 힘들어하는 '불안'이라는 녀석을 파헤치는 사람의 말이라, 읽는 내내 무릎을 치며 동의하고 감탄하게 된다.

이 책이 반가운 이유는 또 있다. 우리 인간은 이제 오래 산다. 그것도 과거 인류에 비해 두 배 이상을 더 살아야 한다. 하지만 이렇게 오래 사는 인간의 인생 후반전을 어떻게 보내야 하는가에 대해서 속 시원히 얘기해준 이가 없었다. 인생 후반부에 느끼는 그 어둡고 긴 불안의 터널을 밝혀주는 이 역시 없었다. 이 책은 불안이라는 터널 속에서 빛을 발해 길잡이가 되어줄 걸작이다. 이 책을 통해 앞으로 나이를 먹어가며 어떻게 생각하고 살아야 하는지, 중년의 심리학자인 나 역시 제대로 한 수 배웠다.

— **김경일**(인지심리학자, 《지혜의 심리학》 저자)

불안한 것이 　　　당연합니다

불안한 것이 당연합니다

초판 1쇄 발행 2020년 12월 16일
초판 4쇄 발행 2021년 2월 15일

지은이 한덕현

펴낸이 조기흠
편집이사 이홍 / **책임편집** 정선영 / **기획편집** 유소영, 임지선, 박단비
마케팅 정재훈, 박태규, 김선영, 홍태형, 배태욱 / **디자인** 문성미 / **제작** 박성우, 김정우

펴낸곳 한빛비즈(주) / **주소** 서울시 서대문구 연희로2길 62 4층
전화 02-325-5506 / **팩스** 02-326-1566
등록 2008년 1월 14일 제 25100-2017-000062호

ISBN 979-11-5784-469-2 03180

이 책에 대한 의견이나 오탈자 및 잘못된 내용에 대한 수정 정보는 한빛비즈의 홈페이지나
이메일(hanbitbiz@hanbit.co.kr)로 알려주십시오. 잘못된 책은 구입하신 서점에서 교환해드립니다.
책값은 뒤표지에 표시되어 있습니다.

⌂ hanbitbiz.com **f** facebook.com/hanbitbiz **N** post.naver.com/hanbit_biz
▶ youtube.com/한빛비즈 **◙** instagram.com/hanbitbiz

지금 하지 않으면 할 수 없는 일이 있습니다.
책으로 펴내고 싶은 아이디어나 원고를 메일(hanbitbiz@hanbit.co.kr)로 보내주세요.
한빛비즈는 여러분의 소중한 경험과 지식을 기다리고 있습니다.

불안한 것이
당연합니다

어른을 위한 단단한 마음 수업

한덕현 지음

HB 한빛비즈
Hanbit Biz, Inc.

누구나 불안하다

불안은 '모르는' 것, 즉 무지(無知)에서 시작된다. 일단 내가 모르는 것은 나쁜 것이고 무서운 것이므로 피해야 한다. 그러기에 모르는 것은 공포와 불안을 동반한다. 그뿐 아니라 불안은 '아는 척'하는 것에서도 시작된다. 모르는 것을 안다고 스스로를 속이면 죄책감이 자신을 괴롭힌다. 그것이 불안이다.

여기에 '반드시 해야 한다'는 일종의 의무가 추가되면 그 불안은 배가된다. 무슨 일이 일어날지 모르는 상황에, 반드시 무엇을 얻어야 하는 상황이 더해질 때 불안이 폭발하게 되는 것이다.

우리나라는 전통적으로 불안 수준이 높은 편이지만, 특히 코로나19 환자 발생 이후 5월 말부터 불안을 호소하며 병원을 찾는 사람이 급격히 늘었다. 이제는 불안장애가 비단 몇몇 유명인만의 문제가 아니라는 말이다.

급변하는 현실이 우리를 더 불안하게 한다

과거에는 인간의 평균 수명을 60세로 보고 그에 맞추어 삶의 다양한 측면을 기술해왔다. 우리 삶을 대부분 10년 주기로 나누어, 각 발달 시기의 성공 혹은 완성을 그다음 인생의 시기로 넘어가는 발판으로 본 것이다. 40세에 접어들면 인생의 과제를 끝마치고 비로소 자기만의 삶의 방식을 어느 정도 정립해, 이제껏 쌓아올린 자기 것을 열심히 발휘한다. 50대에는 삶을 차분히 정리하는 단계에 들어가고, 60대가 되면 하루하루 하늘의 뜻을 기다린다. 과거에는 그랬다.

하지만 지금은 아니다. 기대 수명은 100세로 늘어났고, 세상은 10년은커녕 1~2년 사이에도 급격히 변한다. 코로나19처럼 예기치 못한 위기가 발생하기도 한다. 그런데 인류는 100세 시대의 생물학적 수명 연장을 위한 생명과학 기술 발전에만 매진했을 뿐, 인간 심리발달의 지속적인 달성 목표와 성취감은 등한시해왔다. 40대에는 적어도 모든 준비가 끝나 있어야 하는 걸까? 아니면 그 준비 기간을 50대까지 연장해야 할까? 혹은 50대에도, 아니 60세가 넘어서까지 발전을 위해 노력해야 하는 건 아닐까? 삶에 대해 명확하게 확신할 수 있는 것은 아무것도 없다.

이처럼 우리(특히 지금의 40~50대)는 앞으로 펼쳐질 남은 인생의 심리발달에 대해 무지하다. 여기서 바로 불안이 시작된다. '과거의 관습에 따른 내 행동은 빠른 속도로 변하고 있는 지금의 현실에도 잘 맞을 거야'라는 자기기만은 서두에서 이야기한 죄책감을 동반할 것이다. 그런데도 인간은 그 와중에 성공을 바란다. 어쩌면 성공이 불안한 인간을 버티게 해줄 유일한 희망일지도 모른다.

하지만 무지로 인한 불안과 자기기만에 의한 죄책감에 시달리는 중년에게 무작정 성공을 이야기한다는 것은 불안 폭발을 야기할 수 있다. 준비가 미흡한 사람에게 다짜고짜 성공을 운운하는 것이 반드시 희망과 용기를 주는 것은 아니라는 말이다.

약점을 인정하고 다음 작전을 세워야 하는 이유

흔히 인생을 야구에 비유한다.

통상적으로 프로야구 감독의 능력을 평가할 때 기준으

로 삼는 것은 승률 5할이다. 144경기를 치르는 우리나라 프로야구 리그에서는 72경기의 승리가 감독의 실력을 평가하는 잣대가 된다. 그리고 144경기 중 가장 많은 승수를 올린 팀이 리그 챔피언이 된다. 물론 최후에 챔피언십을 가르는 단기 시리즈를 치르기도 하지만 기본적으로는 정규 시즌 우승팀을 가장 실력이 있다고 평한다.

팀과 선수, 감독 들은 다양한 방법을 통해 승리의 해법을 찾아왔다. 엄동설한에 정신수양을 위해 얼음장 같은 계곡에 몸을 담그거나, 아프리카 초원을 누비는 사자의 용맹을 배우고자 뜨거운 불구덩이 속에 선수들을 내몰기도 했다. 과거의 이런 시도들은 오직 '이기기 위한' 방법이었다.

흔히 1승을 위해 한 경기에 전력을 다하는 감독을 승부사라 생각한다. 그러나 장기 레이스라는 야구의 특성을 고려하면, 누구나 이기고 싶어 하는 한 경기에 올인하는 것이 아니라 그날의 패배를 받아들이고 앞으로의 2~3경기를 이기기 위해 준비하는, 다시 말해 1패를 어떻게 이용할지 고민하는 감독이 1승을 소중하게 생각하는 감독보다 훨씬 더 큰 그릇을 지녔다고 볼 수 있다.

144경기 중 모든 경기를 이기기는 불가능하다. 마찬가지로 모든 경기를 지는 것도 불가능하다. 결국 승부는 절반에 있다. 절반의 성공은 받아들이고 실패의 시간은 인내해야 한다. 훌륭한 감독이란 72승을 어떻게 할까 고민하기보다, 72패를 어떻게 할까 고민하는 감독일 것이다. 패배의 계획을 제대로 세우는 사람은 성공의 계획 역시 굳건히 세울 수 있다.

우리 인생도 144경기를 치르는 이런 페넌트 레이스와 같지 않을까? 누구나 이름 있는 학교를 졸업해서 남부럽지 않은 직장에 들어가고, 능력 있는 사람과 결혼해서 자식농사를 잘 짓고, 안정된 노후를 맞이하길 꿈꾼다. 이 인생의 페넌트 레이스에서 승자는 소수일 뿐이고, 대부분은 필연적으로 패배를 경험할 수밖에 없다. 그러므로 인생 절반의 성공을 위해서는 실패한 경기를 어떻게 받아들이고, 다음 2~3경기를 이기기 위해 어떤 작전을 세우는가가 중요하다.

당신은 수학 성적 때문에 이른바 명문 대학에 진학하는 경기에서 패배할 수도 있다. 그러나 패배를 인정하지 않고, 불굴의 의지로 10년간 대학 입시에 매달려 드디어 명문 대학에 입학했다고 하자. 남들은 대학원까지 졸업해 어엿한 직장인이 된 마당에, 명문 대학 신입생이 되었다 한들 그 성공이 온전히 빛을 발한다고 할 수 있을까? 대신 대학 입시라는 한 경기의 패배를 인정하고, 목표했던 대학원을 노리거나 스타트업 창업을 선택했다면 어땠을까? 실패를 받아들이고 다른 길을 택함으로써 더 나은 인생을 살게 된다면, 그것은 5할 승부의 72패를 계획하는 명장이 되는 길일 것이다.

내가 좋아하는 모 프로야구 감독은 사석에서 이런 푸념을 늘어놓았다. "리그 전반기 내내 승리만을 좇다 보니, 우리 팀이 지금 어디쯤 와 있는지 솔직히 감이 안 잡히네요. 정말 우리 팀 투수 방어율이 3위고, 팀 타율이 4위일까요? 어떤 날은 방어율이 꼴찌인 것 같기도 하고, 어떤 날은 리그 최고의 타율인 것 같기도 한데…. 그럼 우리가 진짜 리그 4위의 전력을 가지고 있는 것일까요? 남은 후반기 리그에서 팀 성적이 올라갈까요, 내려갈까요?"

매 순간 빠르게 흘러가는 레이스 속에서 성공과 실패는 그 정의조차 불분명하다. 그렇기 때문에 더욱더 실패나 약점을 현실적으로 분석하고 받아들여야 한다. 그것은 결국 모호한 미래에 대한 기준이 되고, 그 기준은 다시 마주할 인생의 모호함을 딛고 일어설 발판이 될 것이기 때문이다.

중년에 접어들어 비로소 알게 된 것들

김광석의 〈서른 즈음에〉라는 노래를 들으며 '내 이야기네'라고 생각하던 때가 엊그제 같은데, 점점 더 멀어져가는 청춘을 아쉬워할 여유조차 없이 어느덧 마흔 살을 맞았다. 그러고도 몇 년이 더 흘렀다. 성공은 진실이고 실패는 거짓이라는 신조 하나로, 인생의 목적을 달성하고자 열심히 달려왔다. 그 과정에서 성공과 실패가 반드시 옳고 그름이라는 도덕적 관념과 일치하지 않는다는 것을 깨달았다. 성공과 실패를 가늠하는 양적 혹은 질적 기준이 모호하다는 것도 알게 되었다. 하지만 불안해졌다. 성공하지 못한 인생을, '꼭 성공해야 하나?'라는 반문으로 위로하며 게으름을 피우기도 했고, 성공과 실패의 모호한 기준 탓으로 돌려버린 자책감도 밀려왔기 때문이다.

이러한 혼란으로 머릿속이 어지러웠을 때 만난 철학자가 니체다. 니체를 통해, 내가 하던 고민이 인류가 이미 오래전부터 해온 것임을 알고 나자 그렇게 반가울 수 없었다. 천재 철학자 니체가 이런 문제를 깊이 사색했다는 것도 위안이 되었다. 흥미롭게도 니체는 인간이 이야기하는 성공과 실패, 진실과 거짓의 정의를 거부하고 비판했다. 심지어 "신은 죽었다"는 도발적인 발언도 서슴지 않으면서, 인간의 어리석은 판단에 불과한 것을 완벽한 존재인 신의 계시라고 주장하는 것은 거짓이라고 고발한다. 여기서 인간 사회의 진실과 거짓, 위선과 정의에 대한 니체의 자유로운 생각이 시작된다. 그 시작은 내가 20~30대에는 느끼지 못하고, 세상을 조금 경험해본 40대에 비로소 알게 된 '인간 사랑'이나 '휴머니즘'과 비슷했다. 이러한 느낌은 나에게 크나큰 위로가 되었다.

니체는 《차라투스트라는 이렇게 말했다》에서 인간 정신의 세 가지 변화를 이야기한다. 인간의 정신은 낙타에서 사자로, 사자에서 어린아이로 변모한다.

인간 정신의 첫 번째 단계를 상징하는 '낙타'는 풀 한 포기 나지 않는 불모의 사막을 횡단하기 위해, 몸속에 수분을 저장하는 놀라운 능력을 지닌 동물이다. '참을성 있는 정신'을 지닌 낙타가 무거운 짐을 가득 싣고 사막을 향해 발걸음을 재촉하듯, 인간의 정신도 자신의 사막을 향해 걸음을 재촉한다. 그러나 인간의 정신은 언제까지고 묵묵히 짐(과거의 문화와 관습)을 지고 걷기만 할 수 없다.

이제 이 쓸쓸하고 황량한 사막에서 두 번째 변화가 일어나는데, 여기서 인간의 정신은 '사자'로 변모한다. 정신을 억압하고 있던 짐을 던져버리고 자유를 쟁취함으로써, 자신의 사막을 다스리는 주인이 되는 것이다. 사자는 아직 새로운 가치를 창조할 수는 없지만, 그러한 작업을 완수하기 위한 밑거름으로 자유라는 권리를 쟁취할 수는 있다.

자유를 거머쥔 사자는 무소불위의 존재로 세상을 호령할 것이다. 하지만 인간의 정신은 마지막 어린아이의 단계를 거쳐야 비로소 새로운 가치를 창조할 수 있다. 어린아이는 "순진무구이고 망각이며, 새로운 출발, 유희, 저절로 굴러가는 바퀴, 최초의 움직임, 성스러운 긍정"이기 때문이다. 인간의 정신이 어린아이의 단계에 이르렀을 때 비로소 정신은 '자신의' 의지를 원하고, '자신의' 세계를 획득한다.

나는 정신의학과 전문의로 많은 사람들의 이야기를 들어오면서, 니체의 이러한 비유에 참으로 잘 들어맞는 다양한 인간군상을 접할 수 있었다. 낙타처럼 자신의 짐을 군소리 없이 성실하게 지고 가지만 적절한 시기에 짐을 내려놓지 못해 힘겨워하는 사람들을 만났다. 사자처럼 자유와 권력을 손에 쥐고도 어린아이의 단계로 더 나아가지 못하고 허무함에 괴로워하는 사람들도 나를 찾아왔다. 인생의 완성 단계에서, 자신의 자유 의지를 확인하지 못하고 불안과 실망에 나를 찾아온 중년들도 많았다.

정신분석학의 핵심은 '무의식'이다. 아무리 의식이 무의식에게 '기린'을 '사슴'이라고 강요해도, 무의식이 기억하는 기린은 기린이고 사슴은 사슴이다. 즉 무의식이 기억하는 사실이, 다른 사람이 정의 내리는 진실에 부합하는지는 중요하지 않다. 무의식에게는 무의식이 기억하는 바가 사실인 것이다. 따라서 이 무의식이 기억하는 사실이 한 사람의 정신세계에서는 진실이 된다. 이 진실이 왜곡되거나 숨겨질 때 무의식은 위험 신호를 보내는데, 무의식의 주인은 이 신호를 불안으로 감지한다.

이러한 진실의 추구는 니체에서 시작하여 프로이트, 융, 알프레드 아들러 등의 훌륭한 정신과 선배들을 통해 정신분석 및 치료로 이어졌다. 그런데 진실 추구의 장면에서 어김없이 등장하는 단어가 있으니, 바로 '불안'이다. 불안을 설명하기 위해 프로이트는 오이디푸스 콤플렉스를, 융은 페르소나와 아니마/아니무스를, 아들러는 '목적론'이라는 각자의 대표적 이론을 도입했다.

인생이라는 긴 레이스에서 자신이 어디쯤 와 있는지 모르는 사람들, 자신의 인생이 실패작이라고 생각하거나 심지어 성공인지 실패인지조차 구분할 수 없는 사람들, 남은 인생은 무작정 성공해야 한다고 생각하며 불안해하는 사람들, 나는 이들과 이 책을 나누고 싶다. 나는 이 책에서 불안을 다룬 학자들의 이론, 내가 만난 사람들, 그리고 내 삶과 경험을 이야기할 것이다. 이 책이 10년 뒤에도 분명 불안해하고 있을 나, 그리고 나 같은 부류의 사람들에게 작은 위로와 희망을 전하는 '미래의 편지'가 되기를 소망한다.

1부

당신이 몰랐던

불안의 모든 것

불안의 씨앗은 내 마음 안에 있다

•

살면서 한 번도 불안을 경험해보지 않은 사람이 있을까? 불안은 인간의 보편적인 심리 상태다. 유아기에 처음 엄마 품에서 떨어질 때 느끼는 분리불안을 시작으로, 인간의 삶은 불안과 함께하는 여정이라 해도 과언이 아니다. 면접이나 시험 같은 중대사가 아니더라도, 다음 달 해결해야 할 카드 값처럼 일상적인 문제에서조차 우리는 너무 많은 시간을 걱정과 불안 속에서 보낸다.

내가 느끼는 불안을 적절히 다스릴 수 있다면, 사실 불안이라는 감정 자체는 문제가 되지 않는다. 불안감에서 비롯한 높은 자각이 긍정적인 자세나 유연한 사고와 조화를 이룰 수 있으면, 오히려 당면한 문제를 극복하고 한 걸음 더 성장하는 데 도움이 되기도 한다.

하지만 안타깝게도 불안을 다스리기란 쉽지 않다. 인간의 두뇌는 이성보다는 본능을 따르기 때문이다. 불안한 감정은 즉각적으로 공포와 관련한 두뇌 부위인 편도체를 자극한다. 여기에 불확실성에 대한 부정적인 상상이 보태지면, 급기야 최악의 상황을 마치 현실처럼 인식하게 하는 괴물로 돌변한다. 호흡곤란과 떨림, 가슴 답답함, 두통, 어지러움 등을 동반하는 공황장애가 바로 그것이다.

요즘 들어, 외래를 찾는 40대 환자들 상당수가 이런 증상을 호소한다.

"20~30대에는 하루건너 야근하고 밤새 술을 마셔도 아무렇지도 않았어요. 윗사람이 무슨 말을 해도 내가 옳다는 자신감이 있었죠. 그런데 어느 날부터인가 갑자기 숨이 안 쉬어지고 식은땀이 흘러요. 작은 문제만 생겨도 너무 불안하고 초조한데, 앞으로 어떤 고난과 어려움이 닥쳐올지 가늠이 안 되니 정말 죽을 것처럼 무섭습니다."

불안이 자신의 통제선 밖을 넘어섰을 때의 급박감과 공포는 겪어보지 않은 사람은 모른다. 명절 연휴 때 고속버스 안에서 갑자기 아랫배가 아파오기 시작하는데 버스는 움직일 기미가 없고, 창밖으로 '휴게소 30km'라는 표지판을 발견했을 때 심정의 열 곱쯤 된다고 할까. 호흡기내과, 심장내과를 비롯해 한의원까지 전전해봐도 딱히 이상이 발견되지 않는다. 그런데도 병증은 갈수록 심해지니 결국 마지막으로 정신과를 찾게 된다.

만성적인 불안에 시달리는 이유

니체는 "공포심을 가지고 있기에 이미 체험한 적 있는 많은 것들에 대해서도 여전히 힘들어 한다. 하물며 그것은 아직 체험하지 않은 것마저도 두려움에 떨게 만든다"고 했다. 그래서 인간은 그 공포심을 조절하기 위해 아직 닥치지 않은 상황을 가정한다. '이런 두려움이 생기면 이렇게 대응하고, 저런 두려움이 생기면 저렇게 대응하자'고 미리 마음의 준비를 하는 것이다. 그런데 이 과정에서 미지(未知)의 위협을 지나치게 확대 해석한 나머지, 실제 일어날 확률이 1%도 되지 않는 극단적인 상황까지 가정하게 된다. 그리고 이 극단적 상황을 자신이 조절하지 못할까 봐 두려워한다.

40대에서 가장 많은 발병률을 보이는 공황장애 증상도 대부분 이런 마음에 기인한다. 공황장애 증상은 흔히 비행기, 사람 많은 출퇴근 시간의 전철, 운전 도중의 터

널 안이나 영화관 등 행동이 제한되는 공간에서 나타난
다. 폐쇄된 공간에서 내 의사대로 움직일 수도 없고, 신
체적 이상을 해결할 방법도 없다는 생각이 스스로를 점
점 옥죄면서 발생하는 것이다.

이런 생각을 하는 사람들에게 나는 이렇게 말해준다.

"실제로 그런 증상이 찾아올 것 같은 생각이 들 때, 어
떻게 행동할지 상상해보거나 직접 실행에 옮겨보세요."

예를 들어 극장에서 영화를 보다가 갑자기 불안해지면
서 숨이 곧 가빠질 것 같다는 생각이 들면, 그 즉시 밖으
로 나가는 상상을 하거나 실제로 나가보라는 것이다. 많
은 환자들이 '내가 여기서 일어나 나가면 주변 사람들이
엄청나게 나를 욕하며 비난할 것이고, 그러면 나는 큰 모
욕감을 느낄 것'이라는 생각에 이도저도 못한 채 억지로
참는다. 그러다 급기야 불안이 '펑' 하고 터져 공황장애
증상을 경험한다. '답답하고 힘들면 일어나 나간다'는 이
단순한 행동을 실행에 옮기지 못해, 결국 만성적인 불안
에 시달리게 되는 것이다.

불안은 참는다고 사라지지 않는다

비행 공포와 공황장애가 있는 야구단 코치와 전지훈련을 떠난 적이 있다. 나는 그 코치의 옆자리에 앉아 비행 공포에 대해 넌지시 물었다. 비행기가 이착륙하는 순간이 가장 무섭다는 그가 조금씩 이야기를 이어갔다.

"하늘에 떠 있을 때 공황이 밀려오면 아무 도움도 못 받을 것 같아서 무섭습니다. 투수가 던지는 공에 맞는 것보다 몇십 배는 더 공포스러워요."

그는 이야기하는 도중에 식은땀을 흘리며 힘들어했다.

'여기는 내가 있던 곳에서 한참 떨어진 하늘 위다. 내가 발작이라도 일으키면 아무도 나를 도울 수 없다. 그러니까 나는 여기에서 절대로 위험해지면 안 된다. 그런데 갑자기 호흡이 안 되면 어떡하지? 갑작스럽게 심장이 빨리 뛰면? 숨이라도 멈추면?' 그는 상상할 수 있는 최악의 상황에 자신을 몰아넣고, 불안감을 증폭시키려 했다.

그러나 그는 자신이 느끼는 공포를 입 밖으로 꺼내 털어놓고, 이 비행기 안에는 당신을 도와줄 사람이 분명히 있다는 내 조언을 재차 확인하면서 9시간이 넘는 비행을 무사히 마칠 수 있었다. 비행기가 별 탈 없이 도착지에

착륙했을 때, 나는 큰 문제없이 비행을 끝낸 그에게 이렇게 말해주었다.

"앞으로 비행기를 탈 때, 지금처럼 또 불안한 마음이 커질 것 같으면 억지로 참지 말고 승무원을 바로 부르세요. 내가 가슴이 답답한데 비행기 안에 응급 키트가 있는지, 또 나를 도와줄 사람이 있는지 물어보세요. 머릿속의 불안이 실재가 아니라는 것을 확인하기만 해도 훨씬 편해질 겁니다."

빈말이 아니라 실제로 비행기 안에는 응급 환자를 위한 키트가 구비되어 있고, 위급한 환자를 도울 수 있는 사람이 반드시 있다. 의료 처치를 해줄 수 있는 전문가가 동승하고 있다는 얘기다. 나 역시 여태껏 비행기 안에서 7명의 공황장애 환자를 만났다. 국적도 한국, 태국, 미국, 푸에르토리코 등 다양했는데, 단지 내 존재를 확인시켜주는 것만으로 증상이 호전되는 것을 경험했다.

비행기가 착륙한 뒤 내리면서 코치가 했던 말이 아직도 기억에 남는다.

"박사님, 제가 태어나서 처음으로 눈 뜨고 비행기를 타고 내렸네요. 비행기를 탈 때면 늘 수면제와 술을 잔뜩 털어넣고 혼미한 상태에서 공포와 싸웠습니다. 그런데

맨 정신에 공포에 대해 대놓고 이야기하며 하늘을 날았어요. 감추고 참으려고만 했던 무서움을 이렇게 자연스럽게 이야기한 것도 신기하고, 이야기하면서 공포를 이겨낸 것도 신기합니다."

내 안의 불안과 마주하기

앞서 이야기한 코치가 곧 죽을 것 같은 공포를 이겨낸 자신이 신기하다고 했지만, 그건 그다지 특별한 일이 아니다. 세상에 존재하는 모든 불안의 대상은 내가 예측하고 상상한 것만큼 크지 않기 때문이다. 문제는 내가 느끼는 불안이 실재와 다르다는 것을 확인하려 하지 않고, 마음 안에 꽁꽁 숨기고 참으려고만 할 때 발생한다. 코치가 경험했듯 실제로 꺼내놓고 보면 별것 아니고 충분히 해결할 수 있는 일을, 마음속에 가두고 숨긴 채 불안을 키우기 때문에 문제가 되는 것이다.

고전적 정신분석 이론에서는 불안의 발생을 크게 두 가지 가설로 설명한다. 첫 번째 가설은 내 안에 있는 갈등이나 공포심을 밖으로 꺼내 놓으면 너무 무섭고 힘들기 때문에 이것이 외부로 드러나지 않게 스스로 눌러 막아놓는데, 이것이 쌓이고 쌓이다 결국 터져 나오는 것이 불안 증세라는 것이다.

두 번째 가설은 내 안의 갈등과 공포심을 인지하고 느끼면 스스로 위협받기 때문에 이를 제대로 직면하지 않고 무의식에 숨기려고 한다. 이를 위해 자신에게 거짓말을 반복하게 되고 그때의 께름칙한 느낌이 불안이라는 것이다. 어느 쪽이 더 타당하다고 말할 수는 없지만, 두 가설에는 명확한 공통점이 하나 있다. 나를 위협하는 그 감정을 지금 여기에서 올곧이 느끼며 직면하지 않고, 감추거나 회피하는 데 급급하다는 것이다.

정신의학에서는 '내가 지금 무엇을 두려워하는지, 나를 무섭게 하는 대상이 현실에서는 어떤 모습인지를 정확히 아는 것'을 '병식(insight)'이라고 한다. 이 병식을 갖게 해주는 것이 정신 상담 치료의 절반이라 해도 과언이 아니다. 다시 말해 나를 불안에 떨게 하는 무서운 것이 실제로 나를 얼마나 위협하며 위해를 가할 수 있는지 알아보는 것이 불안을 없애는 첫걸음이라 할 수 있다.

내 안에 내재한 모든 걱정과 불안을 가만히 한번 들여다보자. 마치 모르는 사람을 대하듯 무심히 바라보자. 조금 용기를 내어 혼잣말을 해봐도 좋다. '아, 불안이 왔다.' 세뇌하듯 다시 말해보자. '쓸데없는 불안이구나.' 불안은 슬그머니 사라지기도 하고, 고집스럽게 나를 움켜쥘 수도 있다. 그럴 땐 그저 지금 당장 내가 할 수 있는 일을 해보면 어떨까. 공황장애를 가진 이가 비행기 안에서 승무원을 찾듯, 내 얘기를 들어줄 누군가를 찾아보는 것도 좋다.

무엇보다 중요한 것은 내가 느끼는 불안을 마치 심약한 개인의 병처럼 취급해 자책하거나 부정하지 않는 것이다. 살면서 누구나 안고 가는 감정이 불안이다. 욕망이 해결되지 않는 한, 인간은 불안에서 벗어날 수 없다. 불안으로부터 벗어날 수 없는 운명이라면 억지로 싸워 이기려들기보다 조금 편안히 달래가며 살아보면 어떨까. 고집불통인 어린아이를 다독이듯 말이다.

두려움은 언제나 무지에서 샘솟는다.
-에머슨

심장은
하루에도 수천 번씩 뛴다

●

"심장이 쿵쿵 뛰다가 터질 것 같아요. 너무 무서워요."

외래 진료실에 남편과 함께 방문한 40대 여성 A씨가 불안한 얼굴로 걱정스럽게 말했다. 그러자 보호자로 따라온 남편이 거들었다. "제 가슴을 만져보아도 심장은 뛰고 있는데, 몇 개월 전부터 아내는 자기 심장이 미친 듯이 빨리 뛰고 있으니 만져보라면서 이상하지 않느냐고 성화예요. 혼자 있거나 잠잘 때 가슴이 더 빨리 뛰고 심하게 쿵쿵댄다면서 힘들어합니다."

내과에서 심전도에 심초음파, CT 촬영까지 할 수 있는 검사는 죄다 해봤지만 아무 이상이 없다고 하니 답답할 노릇이라고 했다. 병원에서도 속 시원히 원인을 밝힐 수 없으니 더 답답해지고, 답답함에 심장이 빨리 뛰는 증상이 심해지면 다른 병원에 가서 또 비슷한 검사를 하고, 역시 아무 이상이 없다는 소견을 듣고 나면 불안해지는 상황이 반복되고 있었다.

불안할 때 의식하게 되는 심장 소리

"그럼 심장에서 무슨 이상이 나오면 좀 안심이 될까요?"라고 내가 물었다. 그러자 A씨는 얼굴이 사색이 되어 "아니요! 심장에 이상이 있으면 그게 더 큰일 아닌가요?"라고 대답했다. 나는 다시 물었다. "심장에 이상이 있다는게 밝혀지면 불안해질 텐데, 그렇게 정밀검사를 반복해서 심장의 이상을 찾아내려는 이유가 뭔가요?"

A씨는 "원인도 모른 채 심장이 빨리 뛰니까 불안해서 그러죠. 그런데 막상 심장에 이상이 있다고 하면 걱정이 더 커질 것 같아요"라고 말했다. 그러면서 자기가 봐도 말이 안 된다고 생각했는지 겸연쩍은 표정을 지었다.

"심장은 뛰어야 정상 아닌가요? 만약 안 뛰고 멈춰 있다면 그거야말로 죽음에 가까운 신호 아니겠습니까? 심장이 뛰는 것 때문에 걱정이라면, 환자분은 죽지 않는 것이 걱정인가요?" 나는 부드럽게 물었다. 그녀는 "그렇기는 한데요. 그래도 너무 빨리, 너무 세게 뛰니까 무슨 큰 병이 있어서 그런 건 아닌지 두려워요"라고 대꾸했다.

A씨는 최근 직장에서 갑자기 일이 많아져서 업무량이 평소보다 배로 늘었고, 퇴근 시간도 밤 10~11시를 넘기기 일쑤였다. 게다가 올해 고등학교 3학년이 된 아이를 위해 매일같이 새벽 5시에 일어나 아침밥을 준비해야 했다. 과다한 업무와 입시를 앞둔 수험생 자녀의 뒷바라지, 아이의 부족한 성적 등이 올해 A씨가 갖게 된 새로운 스트레스였다.

A씨는 먼저 회사와 논의해 예전 수준으로 일을 줄이고 무조건 6시에 퇴근했다. 아이의 아침밥은 날마다 새로 차리는 대신, 간단한 토스트나 찬밥을 데워 먹이기로 했다. 성적은 전적으로 아이에게 맡겼다. 결과보다는 과정을 중시하고, 이번에 성적이 좋지 못하면 재수를 하는 방법도 고려하기로 했다. 이렇게 가능한 범위 내에서 스트레스의 원인을 정리하고, 약간의 약물 치료 및 지지적 정신 치료를 병행했다. 지지적 정신 치료(supportive psychotherapy)란 비교적 짧은 기간 동안 실시되는 정신요법의 하나로, 환자가 자신감을 갖도록 도우면서 증상이 호전되기를 기다리는 것이다. 이 치료는 일상생활을

양호하게 유지하기 위해, 당연히 무리하지 않는 범위 내에서 꾸준히 이루어졌다. 그 결과 A씨는 2개월 만에 약을 끊고 평온한 일상으로 돌아갔다. 자신의 심장 소리를 의식하지 않게 된 것이다.

위 사례는 불안증 환자의 전형적인 사고 패턴과 회복 과정을 보여준다. 사람의 심장은 항상 뛰고 있다. 가슴에 청진기를 대면 의사가 아니어도 그 소리를 쉽게 식별할 수 있을 정도로, 심장은 늘 힘차게 뛰고 있다. 이렇게 늘 뛰던 심장이 갑자기 망치로 두들기듯 쿵쿵 소리를 내는 것처럼 느끼는 것은 A씨가 예민해졌기 때문이다. 어찌 보면 그녀는 일정한 패턴으로 건강하게 뛰고 있는 자신의 심장 소리를 불현듯 의식하고 놀란 것일지도 모른다. 평소 수준 이상의 갑작스런 스트레스가 평상시 리듬과는 다르게 자기 심장 소리를 인식하게 만든 것이다.

내 몸의 신호대로 살아가기

신체적 혹은 심리적으로 스트레스를 받으면 우리 몸의 감각은 예민해진다. 그래야 우리가 스트레스를 더 빨리 인지하고 그것을 피하기 위해 쉬거나 여유를 찾기 때문이다. 그런데 대부분은 몸이 보내는 예민한 신호를 무시한다. 때로는 그 신호를 어쩔 수 없이 무시해야 하는 경우도 있다. 업무가 산더미처럼 쌓여 있고 그것을 완수해야 직장이라는 정글에서 살아남을 수 있기 때문이다. 또는 자녀가 인생에서 중요한 시기를 잘 보낼 수 있도록 부모로서 뒷바라지도 충실히 해내야 하기 때문이다. 결국 외부의 스트레스가 내 신체 리듬을 교란시켜, 내가 나 자신이 아니라고 느끼게 만든 것이다.

누구나 자신이 견딜 수 있는 신체 및 정신적 체력이 있다. 그 체력에 맞게 생각이든 일이든 진행하는 것이 '나'로 살아가는 것이다. 그러나 우리는 그렇게 '나'로 살아가는 것의 소중함을 자주 잊곤 한다. 무언가를 조금 더 해야 하고 지금 상태에서 무언가를 더 쥐어짜서 '다른' 나를 만들어야 직성이 풀리는 것이다. 자신의 평소 건강한 심장 소리를 듣고도 내 심장 소리가 아니라고 느끼면서, 심장의 이상을 찾아다니는 불안증 상태의 환자처럼 말이다.

심장은 내 몸의 중앙에 있기에 흔히 '나'를 가리킬 때 심장이 있는 부분에 손을 올린다. 기쁨이나 슬픔 등 통상적으로 감정을 나타낼 때도 '가슴이 뛴다' '가슴이 아프다'는 표현을 흔히 쓴다. 이렇게 가장 중요한 심장이지만 하루에도 수천 번씩 뛰는 심장 박동을 별달리 의식하지 않으면서 자연스럽게 살고 있다면, 나는 '나'대로 평범하게 잘 살아가고 있는 것이다.

지금 상태에서 뭔가 이상하거나 잘못된 점을 굳이 찾아내려 한다면, 자신이 현재 신체적으로나 정신적으로 무리를 하고 있는 건 아닌지, 반대로 너무 나태하게 지내는 건 아닌지 먼저 돌아봐야 한다. 정신과 육체로 이루어진 인간은 '항상성'을 유지하기 위해 어떤 때는 쉬라는 신호를, 어떤 때는 행동하라는 신호를 내보낸다. 내 몸이 정신적·신체적 상태에 따라 내보내는 신호를 그때그때 잘 감지해서 그 신호대로 살아가는 것. 여기에서 인생의 자신감이 샘솟는 건 아닐까.

나쁜 스트레스가 불안을 증가시킨다

•

많은 사람이 스트레스를 호소한다. 몸이 좋지 않아 병원을 찾으면 진료과를 막론하고 의사가 가장 많이 하는 말도 대개 '스트레스 받지 말라'는 것이다. 만병의 근원이라는 스트레스는 정말 나쁘기만 한 걸까?

스트레스에는 좋은 스트레스와 나쁜 스트레스가 있다. 좋은 스트레스는 나를 발전시키고 나쁜 스트레스는 나를 파멸의 길로 이끈다. 그렇다면 어떤 일을 하면서 스트레스를 받는다면 이것이 좋은 스트레스인지 나쁜 스트레스인지 어떻게 판단할 수 있을까? 간단하게 말하자면 스트레스가 나에게 '불안'을 줄이는 쪽으로 작용하면 좋은 스트레스고, 점차 '불안'이 심해진다면 나쁜 스트레스라 할 수 있다.

잘못된 스트레스 해소법

어떤 일이 있을 때 그 상황을 예측할 수 있고 받아들일 수 있으며 통제할 수 있다는 자신감이 있으면, 우선 불안 만큼은 줄어든다. 소위 나쁜 스트레스는 우리가 전혀 예측하지 못하는 순간에 예상치 못한 일이 일어났을 때 생긴다. 그래서 그것을 이해할 수도 받아들일 수도 없게 되며, 그 일을 전혀 해결하지 못할 것 같은 생각이 든다. 그 일을 상상하거나 마주하기만 해도 불안이 증가하며 머리가 지끈지끈 아파온다.

그런 나쁜 스트레스 때문에 불안이 증가하면 사람은 극단적인 반응을 보인다. 아예 그 스트레스를 무시하거나 무반응으로 일관하는 자세를 취함으로써, 모든 일에 의욕을 잃고 게을러지며 에너지가 바닥으로 떨어진다. 이와는 극히 정반대로 과도하게 불안하고 예민한 상태에서 극도로 혼란스러워하며, 불필요한 행동으로 에너지를 마구 소비하기도 한다.

이러한 비효율적 에너지 소비는 부정적인 피드백을 주기 때문에 불안, 짜증, 걱정, 기억력 손상, 주의력 저하, 탈진, 우울 등의 심리 증상이 나타난다. 외부의 스트레스와 내부의 비효율적 반응이 동시에 만나면, 이런 상황을 잊어버리기 위해 망각의 물질들을 찾거나 망각 행동을 하게 된다. 과식을 해서 외적인 괴로움을 과도한 포만감으로 대신하려 한다든지, 지나친 음주나 흡연을 통해 망각의 세계로 자신을 인도한다. 심한 경우 영영 돌아오지 않을 곳을 찾기 위해 자살 시도를 하는 경우도 있다.

스트레스를 해소하기 위해 많은 사람이 폭식을 한다. 이와 관련하여 나는 방송국의 도움을 받아 아주 재미있는 실험을 한 적이 있다. 다른 사람과 실제로 싸우거나, 갈등이 있는 장면이나 상황을 상상만 해도 스트레스를 받아서, 그 스트레스를 해소하기 위해 '단것'을 비정상적으로 많이 섭취한다는 젊은 의뢰인을 만났다.

이야기를 듣고 뚱뚱한 사람일 거라 예상했는데, 의외로 정상 체구의 여성이 진료실로 들어왔다. 이 여성은 스트레스를 받으면 바로 초콜릿, 케이크, 마카롱 등을 스트레스가 풀릴 때까지 먹는다고 했다. 그러고 나면 체중이 늘어날까 봐 걱정이 되어 다른 것은 아무것도 먹지 않고 굶었다. 그러니 체중은 어느 정도 유지되어도 위나 그 밖의 신체 기관들이 좋을 리 없었다.

이 여성에게 단 음식 외에 스트레스를 푸는 방법이 있느냐고 물어보니, 여행 다니는 것을 좋아한다고 했다. 그렇지만 직장 생활을 하다 보면 스트레스를 풀기 위해 며칠씩 시간이 걸리는 여행을 다니기에는 무리가 있기 때문에, 대신 단것으로 스트레스를 해소한다고 했다.

실험은 다음과 같은 방식으로 진행했다. 먼저 이 여성에게 사람들이 다투는 장면과 빛깔 고운 마카롱을 연결해 보여주면서 기능적자기공명영상(fMRI)을 통해 뇌의 활성화를 체크했다. 같은 방식으로, 사람들이 싸우는 장면과 여행 가는 장면을 보여주면서 다시 fMRI를 통해 뇌의 활성화를 살펴보았다.

그 결과 마카롱이 여행보다 훨씬 빨리 뇌가 느끼는 스트레스를 해소시키는 것으로 나타났다. 단순히 스트레스를 해소하는 수준이 아니라, 쾌락이나 즐거움과 관련된 뇌 부위까지 활성화되었다. 이런 점으로 보아 마카롱은 쾌락에 대해서도 여행보다 강력한 효과를 발휘했다. 생물학적으로 볼 때는 스트레스 해소를 위해 당연히 마카롱을 선택해야 한다. 그러나 이 여성은 여행으로 스트레스를 풀고 싶다는 긍정적인 바람을 내비쳤다. 왜일까?

그 이유는 아주 짧지만 강력했다. "스트레스를 풀기 위해 먹는 것이 또 스트레스가 돼요." 스트레스를 풀기 위해 먹으면 그 순간에는 해소가 되는 것 같지만, 곧이어 체중에 대한 또 다른 불안을 유발하기 때문에 스트레스의 완벽한 해소법이 될 수 없다는 이야기다.

복잡하게 뒤엉킨 상황 구분이 우선

다음은 내가 만난 한 운동선수의 이야기다. 그는 잘나가는 국가대표 축구선수였는데, 갑자기 슬럼프에 빠지면서 축구를 그만두겠다고 했다. 그가 재학 중인 학교는 물론이고, 축구계에서도 한바탕 난리가 났다. 그가 빠진 축구팀은 상상하기 힘들었기 때문이다. 선수의 사연은 이랬다.

"축구 자체가 싫은 것은 아니에요. 그런데 주변 동료들이 저를 너무 시기하고 따돌리려 해서 경기가 재미없어요. 코치 선생님도 고등학교 때는 제 생각대로 경기를 풀어가게 모든 것을 맡겨주셨는데, 이제는 간섭이 많아졌어요. 무엇보다 힘든 것은 집안 문제예요. 아버지 사업이 또 망했어요. 지난번에 부도를 낸 경험이 있으니 더 조심

했어야 하는데…. 아버지 친구들과 친척들에게 어렵게 돈을 빌려서 투자 사업을 했는데, 이번에는 친구한테 사기를 당했어요. 금액이 너무 커서 아버지 자신은 물론이고, 어머니도 감당할 수 있는 상황이 아니에요. 식구들은 제가 대학을 중퇴하고 빨리 프로에 입단하면 돈을 마련할 수 있을 테니, 저만 바라보고 있어요. 대학은 마치고 싶은데, 아버지를 생각하면 중퇴를 하는 게 맞는 것 같기도 해요. 경기에 나가면 집중도 안 되고, 빨리 이 상황들을 어떻게든 해결하고 싶다는 생각밖에 안 들어요. 모든 게 스트레스예요."

면담을 진행하면서, 우리는 상황을 세 가지로 정리했다. 첫째는 내가 노력해도 어쩔 수 없는 상황, 둘째는 내가 수동적으로 따라야 하는 상황, 셋째는 내가 주도적으로 나서야 하는 상황이다. 첫째, 집안의 빚을 정리하고 경제 상황을 회복하는 것은 내가 대학을 그만두고 프로에 입단하더라도 모두 해결되는 것이 아니므로, 식구들의 노력과 시간이 해결해줄 문제다. 둘째, 나는 선수이고 코치는 코치이기에 각자의 역할을 해야 한다. 축구는 혼자 하는 경기가 아니므로 코치는 작전을 짜고 명령하고, 선수는 이를 받아들이고 수행해야 경기를 이끌어나갈 수 있다. 셋째, 나는 실력이 뛰어난 선수이기 때문에 경기 중에 다른 선수들에게 협조를 요청할 수 있다. 내가 주도적으로 플레이를 이끌어가는 것은 맞지만, 거기에 따른 작은 부작용으로 다른 선수들의 시기심이 발생할 수 있다. 하지만 이것은 좋은 플레이라는 큰 이득에 비하면 작은 부작용이다.

이렇게 상황을 세 가지로 정리하면서 이 선수는 다시 운동에 집중할 수 있었다. 주변 환경이나 경제적 상황, 혹은 주변 사람들이 변한 것은 없다. 하지만 자신이 자신의 삶에 명령을 내리고 조절할 수 있게 되자 마음이 편해진 것이다. 이 선수가 마음이 편해진 것은 고민이 모두 해결되었기 때문이 아니다. 자기 앞에 놓인 문제들을 스스로 해결할 수 있는 것과 없는 것으로 나누기만 했는데도 변화가 생긴 것이다.

자신이 해결할 수 있는 문제에 대해서는, 내가 내 인생의 주인으로서 스스로 명령할 수 있는 주권을 회복했다. 주변의 시기와 질투에 대해서는 크게 생각하지 않고, 대신 경기력을 회복하고 나와 우리 팀이 좋은 성적을 내야 한다는 새로운 목표에 더 큰 가치를 두겠다는 '자유 의지'를 갖게 되었다. 니체는 이렇게 말했다. "자유를 원하면 명령하라. 자유정신을 어떻게 표현하고 실천할 수 있을까. 위대한 해방의 역사에는 아픔과 고통이 따른다."
이 선수는 비로소 자기 인생의 '사자'가 된 것이다.

좋은 스트레스는 불안을 감소시킨다. 좋은 스트레스를 받으면 정신적으로나 육체적으로 부담이 되고 힘들어도 불안이 점점 감소한다. 내가 상황을 조절할 수 있다는 자신감이 있으면 불안은 줄어든다. 그 자신감은 사자의 자유 의지에서 나온다. 자유 의지가 생기려면 일단 '내'가 먼저 있어야 한다. 내가 존재해야 자유 의지도 생기기 때문이다. 이 선수는 문제를 자신이 해결할 수 있는 것과 없는 것으로 나누는 과정에서 비로소 '나'로 다시 존재하게 되었고, 자신을 새롭게 인식하게 된 것이다.

이 선수는 자신이 할 수 없는 것을 포기했기 때문에 '나'를 인식할 수 있었다. 이 포기는 단순한 포기가 아니다. 외적이고 객관적인 원인에 따라 수동적으로 반응한 것이 아니라, 자신의 판단과 자유 의지에 따라 주관적으로 포기를 선택한 것이다. 이 점이 가장 중요하다.

지금 복합적인 문제로 스트레스를 받고 있다면, 이 선수처럼 내가 해결할 수 있는 문제와 해결할 수 없는 문제로 분류하는 작업부터 시작해보자. 한 가지 덧붙이고 싶은 것은, 스트레스를 받을 때 인간은 생각의 범위가 좁아진다는 점이다. 이를 보완하기 위해서는 보조 기억장치가 필요하다. 그것이 바로 '메모'다. 생각을 글로 쓰다 보면 '말'이 '글'로 바뀌는 과정에서 감정이 정리된다. 그러면 객관적 사실과 관련한 내용만 남기 때문에, 의외로 갑자기 정답이 떠오르는 순간이 찾아올 수 있다.

계속 무언가에 스트레스를 받고 있는데 해결이 안 되고 힘들다면, 그것은 내가 스트레스를 객관적으로 평가하지 않고 숨기고 있다는 증거다. 내 상황과 스트레스를 글로 쓰는 것은 지금 내가 느끼는 불안과 스트레스를 가장 객관적으로 평가하는 방법이 될 것이다.

인간은 현상이 아니라, 현상에 대한 자신의
생각 때문에 불안해진다.

-에픽테토스

삶이 무기력하게 느껴지는 이유

●

나는 사람이건 물건이건 새로운 것을 좋아한다. 장을 볼 때만 해도 이런 성향이 고스란히 드러난다. 대형 마트의 계산대 앞에서 내 카트에 담긴 물건을 보면, 그 달 혹은 그 주에 새로 나온 제품이 수북이 쌓여 있다. 새우과자 하나를 사더라도 50년 전통의 '○○깡'보다는 새로 나온 '우리아이 ○○ 새우'를 고르고, 커피 믹스가 아직 꽤 많이 남아 있는데도 새 포장으로 출시된 제품이 눈에 띄면 일단 사고 봐야 직성이 풀린다. 이렇듯 매사에 새로운 것에 끌리는 것은 '높은 자극 추구(novelty seeking)'라는 기질적 특성 때문이다.

이와 대비되는 기질도 있다. 저녁 퇴근길, 버스에서 내렸는데 어제까지만 해도 공사로 막혔던 길이 뚫려 있는 걸 발견했다 치자. 느낌상 왠지 이 길로 가면 집까지 더 빠르게 갈 수 있을 것 같다. 하지만 오랫동안 바리케이드로 막아둔 탓에 그 길이 과연 집으로 가는 경로인지 확신할 수 없다. 만일 이때 호기심을 누르고 다니던 길로 발걸음을 옮긴다면, '위험 회피(harm avoidance)' 기질적 특성을 지닌 사람이라 할 수 있다. 이들은 새로 뚫린 길이 자기 집으로 통한다는 것을 확인한 뒤에야 그 길로 들어선다.

이런 기질적 특성을 두고 좋은지 나쁜지를 따지는 건 우스운 일이다. 한 사람이 가진 기질은 유전적 요인과 환경적 요인이 결부된 고유의 특징일뿐더러, 어떤 기질이든 장단점을 동시에 지니고 있기 때문이다. 자극 추구 기질이 높으면 진취적이고 외향적이며 창조적인 반면, 산만하고 충동적이며 반복적인 일을 싫어하는 성향을 보인다. 반대로 위험 회피 기질이 높으면 걱정이 많고 쉽게 피곤해하며 새로운 시도를 꺼리지만, 매사 신중하고 위험한 상황에서 규칙을 어기지 않으며 단조로운 일이라도 꾸준히 해내는 모습을 보인다.

혹자는 기질에 따라 불안의 정도가 다르다고 단언하지만, 기질 자체가 불안과 직결된다고 보기는 어렵다. 그보다는 자신의 기질을 어떻게 이용해 긍정적인 방향으로 나아가는지가 불안과 더 큰 연관성이 있다고 할 수 있다.

다시 말해 고유한 기질 안에서 본성을 살리면서 장점은 키우고 단점은 보완하며 앞으로 나아갈 수만 있다면, 시시때때로 찾아드는 불안에 매몰되지 않을 수 있다.

실패한 과거에 묶여 있는 사람들

새로운 것을 추구하는 사람이든 기존의 것을 꾸준히 밀고 나가는 사람이든, 공통적으로 무언가 행동한다는 면에서 현재에서 미래로 나아가는 방향성이 있다. 그런데 이와 다르게 그 자리에 멈춰 아무것도 하지 않으려는 사람도 있다. 아무것도 하지 않는다는 건 곧 미래로 나아가야 할 방향성을 과거로 되돌린다는 의미다. 성장 대신 퇴보를 택하다 보니 삶 전체가 무기력해지고, 시간이 지날수록 나만 도태된다는 생각에 불안은 눈덩이처럼 불어난다.

아무것도 하기 싫은 사람은 과거의 실패를 곱씹는 경향이 강하다. 또 실패할지 모른다는 두려움 때문에 새로운 자극을 추구하기는커녕 이미 경험한 것과 비슷한 시도조차 자꾸 피하게 된다. 기껏 노력을 한다 하더라도 딱 실패하지 않을 정도만 한다. 조금이라도 더 노력을 했다가 (자기가 생각하는) 성공의 열매를 거두지 못하면, 그 노력을 회수할 길이 없기에 더 하려 들지 않는다. 실패한 과거가 미래로 향하는 자신의 잠재력을 묶어두고 있는 것이다.

내 진료실을 찾아오는 중년층 중에는 이런 말을 하는 이가 꽤 있다. 다른 사람과 교류하고 대인 관계를 잘 맺어야 한다는 걸 머리로는 알겠는데, 실행에 옮기려고만 하면 도무지 몸이 움직이지 않는다는 것이다.

'내 귀가 나를 가르치는 스승'이라는 격언이 있듯, 타인과의 만남을 통해 무언가 얻고 깨닫는 과정은 꼭 필요하다. 그런데 이런 사람들은 만남 자체를 거부한다. 약속까지 다 잡아놓고 막상 당일이 되면 이런저런 핑계를 들어 결국 취소해버린다.

"사람들과 만나 봤자 실망할 게 뻔해요. 괜히 만났다가 내 허물을 들키기라도 하면 나를 얼마나 우습게 보겠어요."

하지만 이는 어디까지나 자기 생각일 뿐이다. 아주 특별한 관계가 아니라면 대부분의 사람은 상대방의 잘나고 못난 점을 그렇게 자세히 관찰하지 않는다. 그럼에도 이런 생각을 하는 것은 대인 관계에 실패해 좌절한 과거의 시각으로 자신을 바라보는 탓이다. 지난 과거의 자신을 현재의 나에 투영시키기 때문에, 다른 사람들도 나를 같은 시각으로 바라볼 거라고 오해하는 것이다. 온 세상이 나를 못난 사람 취급한다고 생각하니, 불안감은 가중되고 결국 무기력감에 사로잡혀 그 어떤 만남도 기피하게 되고 만다.

반복되는 합리화의 문제

과거에 실패했든 성공했든 우리는 그 과거를 발판으로 앞을 향해 나아가야 한다. 기대감, 설렘, 희망, 의욕 등 삶의 원동력이 되는 긍정적인 감정들은 그 방향성이 모두 미래에 있고, 이를 바탕으로 사람은 현재를 살아갈 힘을 얻기 때문이다.

그렇다고 무작정 과거를 잊으라는 말이 아니다. '실패에서 배운다'는 말이 있다. 이는 성공했든 실패했든 자신의 과거를 존중한다는 의미다. 과거를 있는 그대로 바라보고 인정하며 받아들일 때, 비로소 우리는 지난 실패의 두려움에서 벗어날 수 있다. 그런 의미에서 실패한 과거에 대한 합리적인 분석은 불안을 치유하는 특효약이라 할 수 있다. 예컨대 프로 리그의 실력 있는 감독들은 이긴 경기보다 진 경기를 더 냉철하게 분석한다.

흔히 실패를 분석할 때, 과거의 아픈 경험이 자꾸 떠오르기 때문에 우리 뇌는 의식적으로 기억을 지우려 한다. 따라서 실패가 정확히 분석되는 예가 드물다. 대부분 변명하듯 실패를 합리화하고, 비논리적인 이유를 붙여서 자신이 실패한 원인과 과정과 결과를 재구성한다. 이미 왜곡되고 삭제된 기억에다 결과에 대한 합리화까지 보태지니, 내 머릿속에 재구성된 스토리는 실제와 전혀 다른 상황을 연출한다.

D선수는 드라이버 기술로는 국내 여성 프로골퍼 중에서 손꼽히는 실력자다. 그런데도 그녀는 시합에서는 좋은 성적을 거두지 못했다. 힘 있게 멀리 치는 것으로는 누구도 따라올 수 없는 실력을 갖췄지만, 샷의 정확도가 현저히 떨어지기 때문이다. 경기 초반에 드라이버를 멀리 쳐 유리한 고지에 선다 해도, 그다음 아이언이나 퍼터 과정에서 정확도가 떨어지니 늘 공을 더 쳐야 했다. 그렇게 한두 번 더 친 것이 쌓여 최종 스코어에선 좋은 기록

을 내지 못한 것이다.

내담을 해보니, D선수 역시 자신의 문제를 모르지 않았다. 시합이 끝나면 늘 아이언 샷과 퍼터를 더 많이 연습해야겠다고 생각한다는 것이다. 하지만 경기 후 일주일쯤 지나 훈련 스케줄을 보면 여전히 드라이버 연습이 70% 이상 차지하고, 시합이 가까워질수록 그 비중은 더 높아진다.

"시합이 가까워질수록 실패한 생각이 자꾸 나서 밤늦게까지 연습을 해요. 불안해서 집에도 못 가고, 조명이 켜진 연습장에서 손이 까질 때까지 골프채를 놓지 못합니다. 그런데 대부분은 나도 모르게 드라이버를 연습하고 있죠. 그런 날이 계속 되풀이돼요."

D선수는 늘 죽을힘을 다해 열심히 연습한다. 성실하기까지 하다. 열정과 성실성만 보면 성적이 꼭 나야만 하는 선수인데, 성적은 늘 제자리다. 그 이유는 실패에서 얻은 교훈을 현실에서 제대로 이용하지 못하기 때문이다. 앞서 말했듯, 과거를 합리적으로 분석하는 과정에는 고통이 따른다. 실패를 직면하는 고통과, 이를 수용하고 새로운 시도를 통해 변화를 이루는 과정은 말처럼 쉽지 않다. 이런 변화의 과정에는 자신에 대한 믿음이 절대적

으로 필요한데, 실패한 과거의 경험은 현재의 나를 스스로 믿지 못하게 막는다.

D선수가 자신이 어떻게 해야 하는지 알면서도 막상 행동하지 못하는 이유가 바로 여기에 있다. 결국 그녀는 실패에서 얻은 교훈을 활용하지 못한 채, '그래도 나는 열심히 하는 선수'라는 합리화를 반복하고 있는 것이다.

처음부터 끝까지 사실을 경험한 우리의 무의식은, 의식이 합리화한 상황을 절대로 받아들이지 못한다. 왜곡된 이야기를 받아들이고는 싶은데, '이것은 내가 경험한 진짜 과거가 아니라고' 끈질기게 주장한다. 이렇게 의식과 무의식이 서로 일치하지 않는 것이 바로 불안이다. 이런 불안을 가진 사람은 무엇이든 하기가 싫다. 하지만 아무것도 하지 않는다고 불안이 사라지지는 않는다. 그것이 회피에 불과하다는 걸 나 자신이 가장 잘 알고 있기 때문이다.

딱 한 걸음만 떼보기

이렇듯 아무것도 할 수 없다고, 나는 뭘 해도 잘해낼 수

없을 거라고 말하는 사람들에게 나는 이렇게 말해주곤
한다.

"더도 말고 딱 한 걸음만 떼보세요. 때론 그 한 걸음이
답일 때가 있어요."

무엇이든, 그것이 하찮고 비생산적인 것처럼 보일지라
도 행동으로 옮겨보라. '지금 바로 여기'에서 내가 할 수
있는 아주 작은 것을 행동을 옮기는 것. 아무리 사소한
것이라도 일단 행동하기 시작하면, 우리 뇌는 그 행동을
따라간다. 백번 머릿속으로 노력하는 것보다 딱 한 번 행
동하는 것이 내 안의 불안을 잠재우는 데 훨씬 낫다.

또한 그 작은 시작은 결국 과거로 향한 방향성을 미래
로 돌려놓는 단초가 된다. 그 결과가 실패든 성공이든 그
것은 중요하지 않다. 결과에 상관없이 내가 시도했다는
사실 자체가 이미 과거를 딛고 일어섰다는 증거이기 때문
이다. 그럼에도 여전히 실패가 두려워 움직이고 싶지 않
다면, '난 실패했어'라는 생각을 이렇게 바꿔보면 어떨까.

'난 배웠어.'

위대한 것은 방향을 결정하는 것이다.

-니체

이것저것 열심히 하는데도
불안한 이유

●

매사 말썽에 공부는 뒷전인 문제학생도, 재능은 있지만 만년 2군인 운동선수도 면담을 끝내고 나서며 하는 말은 한결같다. "이제부터 열심히 해보겠습니다."

감동 어린 눈빛과 비장한 각오로 진료실을 나서는 그들을 보면 꼭 그렇게 될 것 같지만, 다음 시간에 면담을 해보면 달라진 게 거의 없다. 이유는 간단하다. 자신이 원하는 것이 아니라 세상이 정해준 것을 열심히 하려 들기 때문이다. 아무리 노력한다 해도 목표에 대한 확신이 없으니 좋은 결과를 기대하기 어렵다. 열심히 애는 쓰는데 늘 제자리여서 힘들어하는 사람들은 불안한 눈빛으로 이렇게 묻는다.

"내가 지금 제대로 가고 있는지 잘 모르겠어요. 불안해서 이것저것 열심히 하는데, 노력할수록 아무 의미가 없다는 생각이 들어요."

삶을 이끄는 두 가지 방식

내 인생에서 '열심히'라는 말의 강박에서 벗어날 수 있었던 결정적인 깨달음은 정신과 전공의 초년 시절, 정기 세미나에서 접한 한 논문에서 시작되었다. 인간이 무언가 수행하고 목적을 달성하고자 할 때 인간의 사고 체계가 어떻게 작용하는지를 다룬 논문이었다. 간단히 설명하자면 이렇다.

인간의 사고방식은 크게 톱다운(Top-down)과 보텀업(Bottom-up)으로 구분된다. 톱다운 방식은 상의하달 형태로, 큰 주제에서 시작해 그와 관련한 세부 항목을 찾아가는 것이다. 반면 보텀업 방식은 하의상달 형태로, 세부 항목에서 시작해 상위의 큰 주제에 접근하는 방식이라 할 수 있다. 일반적으로 사람은 상황에 따라 이 두 방식을 적절히 적용해 주어진 과제를 해결하고 목적하는 바를 완성해간다. 이것이 보통 사람들의 사고방식이며, 이는 곧 삶을 살아가는 태도와 직결된다.

자폐나 정신지체를 가진 아이들이 무언가 열심히는 하는데 좋은 결과가 나오지 않는 것도 이와 관련이 있다. 개별 행동 하나의 완성도가 떨어지는 것도 문제지만, 보다 근본적인 문제는 톱다운이든 보텀업이든, 결과물을 도출할 수 있는 체제와 시스템이 부재하다는 데 있다.

당시 나는 세미나 후에도 동료들과 이에 대해 꽤 많은 이야기를 나눴다. 실례가 필요하다며 서로의 행동 양식에 이 이론을 적용해보기도 했다. 이를테면 일 년의 목표를 세우고 그에 맞춰 분기별 목표를 세분하는 선배는 전형적인 톱다운 방식이고, 언젠가 좋은 여자를 만나겠다며 노래면 노래, 공부면 공부, 외모면 외모, 뭐 하나 가리지 않고 섭렵하려는 친구는 보텀업 방식이라며 주변 사람들을 분석하는 것도 꽤나 흥미로웠다.

그러면서 나는 당시 내가 봉착했던 문제를 다시 바라보기 시작했다. 보통의 젊은이가 그렇듯, 20대의 나는 사회가 인정하는 지위에 오르기 위해 노력해야 한다고 생각했다. 의사가 되고 나면, 그에 맞는 일과 보수, 사회적 지위와 찬사가 함께 따라올 거라는 톱다운식 생각으로 하나의 목표를 향해 매진했다. 그런데 막상 의사가 되고 나니 생각했던 것과 달랐다. 여전히 힘든 일은 계속되었고, 훌륭한 의사가 되기 위한 노력도 멈출 수 없었다. 마음속에 드는 생각은 하나였다. '내가 생각한 목표가 이게 맞을까? 나는 이제 무엇을 위해 노력해야 하지?'

그때 의국의 나이 많은 선배가 내게 한마디 했다. "지금 뭐라도 열심히만 해놓으면, 나중에 그것이 굴비 엮듯이 하나로 엮여 뭔가 탄생하지 않을까?"

겉으로는 톱다운 방식에 맞춰 살아왔지만, 실은 의심할 여지없는 보텀업 기질을 지닌 나를 일깨워준 말이었다. 돌이켜보면 학창 시절 내내 산만하다는 이야기를 들어왔고, 의대에 진학하고 나서도 여기저기 관심이 많아 공부를 따라가기가 힘에 겨웠다.

하나 다행인 건, 고민과 번민이 쌓이는 중에도 항상 나는 무언가를 열심히 하고 있었다는 것이다. 그런 내게 "자네 같은 산만한 의사가 나중에 뭘 할지 모르겠지만, 이렇게 다방면에 관심을 갖고 있으니 앞날이 궁금하다"며 어깨를 두드려준 교수님도 있었다.

물론 정신과 본연의 공부에 집중하지 못하고 관심사에 대한 결과물을 내놓지 못하니, 나중에 의사 노릇이나 제대로 하겠느냐며 걱정하는 사람도 있었다. 중년에 이른 지금도 내 아내와 부모님은 나를 두고 비슷한 걱정을 한다. 하지만 최소한 지금의 나는 가시적인 목표가 없어도, 내 의지에 따라 열심히만 살면 괜찮다는 확신으로 오늘 하루를 충실히 살아가고 있다.

눈에 보이는 목표보다 더 중요한 것

마음이 시키는 대로 지금 이 자리에서 할 수 있는 일을 무엇이든 해나가는 것. 이런 보텀업 방식은 니체가 말한 자유 의지와 닮았다. 니체는 말했다. "내가 원하는 대로 살아가자. 그렇지 않다면 아예 살지도 않겠다."

목표가 불확실하고 원하는 바가 뚜렷하지 않은 것을 두고 많은 사람들이 불안해한다. 그러나 자기가 잘 모르고 있을 뿐이지, 목표란 분명히 존재한다. 그 목표는 내가 지금 하는 많은 일들, 그 일들이 어떻게 엮이느냐에 따라 모습을 바꾸기도 한다. 어쩌면 정해지지 않아 더 매력적일지 모른다.

나도 알지 못하는 내 목표가 있기에, 내 '의지'는 그에 따라 행동한다. 무엇을 위한 건지, 어디에 이를지 잘 모르지만, 다른 사람이 정해놓은 훌륭한 길이 아닌 마음의 소리가 이끄는 길을 따라 열심히 살아가는 것. 그것이 지금 내 행동을 이끄는 진정한 자유 의지가 아닐까.

보텀업식 삶의 장점은 시간이 갈수록 목표를 효과적으로 이룰 수 있다는 것이다. 지금까지 기울인 소중한 노력들을 하나의 구조물로 엮는 과정에서, 내 자유 의지가 어떻게든 그간 이룬 일들 간의 연결성을 증가시킬 것이다.

배워서 아는 것이 아닌, 시간과 경험을 통해 알게 되는 것들이 있다. 20대의 나는 50대가 된 지금의 내가 알고 있는 것을 알지 못했다. 만일 당시의 내가 옳다고 믿은(아니, 옳다고 착각한) 방식대로 살았다면 지금보다 훨씬 불만족한 삶을 살고 있을 것 같다. 뚜렷한 목표가 없더라도 주어진 하루에 충실하면서, 시간의 흐름에 따라 그 하루들을 하나하나 엮어가는 것도 괜찮다고 말할 수 있는 이유가 여기에 있다.

그러니 지금 내 삶의 방식이 산발적으로 흩어진 보템업이라고 불안해하지 말자. 중요한 것은 그게 무엇이든 열심히, 내 의지에 따라 움직이는 것이다.

나름 안정적으로 사는데도
왜…

●

"선생님 저는 고민이 없는 것이 고민입니다."

언젠가 한번은 이런 환자가 진료실을 찾을 것이라 예상하기는 했었다. 그럼에도 막상 그런 고민을 안고 온 환자를 마주하니 정신과 의사인 나도 솔직히 답답한 마음이 들었다. 이 건장하고 번듯한 외모의 50대 남성은 다음과 같이 말을 이었다.

"저는 대기업 부장으로 일하고 있습니다. 업무 실적도 좋은 편이어서 동료들보다 연봉도 훨씬 높습니다. 아내하고는 큰소리 내고 부부 싸움 한번 한 적 없고, 두 아이도 모두 모범생이죠. 딸아이는 명문고를 나와 명문대에 다니고 있고, 고등학생인 아들내미도 상위권을 벗어난 적이 없습니다. 다들 우리를 부러워하고 축복받은 인생이라고들 이야기합니다. 집에 걱정이 없으니 얼마나 좋으냐면서요. 저도 물론 그렇게 생각합니다. 그런데 저는 외롭습니다. 차라리 작은 고민이라도 있어서 그것 때문에 우울하고 힘들다고 하소연이라도 하고 싶습니다. 하지만 그랬다가는 복에 겨운 소리 하지 말라는 말이나 듣겠지요. 그래서 남들에게 외롭고 우울하다는 말도 제대로 못 합니다. 어디 속 시원히 털어놓을 데도 없고… 또 제가 왜 외로운지 알고 싶어서 찾아온 겁니다."

본능을 억제하는 자아

이 남성의 외로움을 들여다보기 전에 먼저 '자아'에 대해 이야기해보자. 프로이트는 정신분석 구조이론(structure theory)에서 초자아(super ego), 자아(ego), 본능(id)이라는 세 가지 개념을 설명했다. 본능은 말 그대로 감각에 충실한 동물적 본능을 말한다. 배고프면 먹고 싶고, 추우면 몸을 따뜻하게 하고 싶고, 졸리면 자고 싶은, 당연하고 단순한 생물학적 욕구에 충실한 부분이다.

이에 반해 초자아는 도덕 원리의 지배를 받는다. 누군가를 공격하고 싶은 본능이 있지만, 초자아가 불러일으키는 '죄책감' 때문에 공격적 본능을 억제할 수 있는 것이다. 남의 좋은 물건을 뺏고 싶은 본능이 일었을 때, 자신이 물건을 뺏는다면 평판이 나빠질지 모른다는 두려움은 '절도' 행동을 멈추게 할 수 있다. 그것이 바로 초자아의 역할이다.

자아는 본능과 초자아 사이에서 개인의 생각, 감정, 의지 등을 직접 조절한다. 우리가 생각하는 '나'라는 존재와 가장 가까운 것이 바로 이 자아다. 자아는 살아가면서 어떤 상황이 발생할 때마다 충동적 '본능'을 억누르며, 엄격한 '초자아'의 검열을 완화시키는 역할을 해야 한다.

인간은 어떤 상황에는 본능에 더 충실해야 하고, 어떤 상황에는 초자아에 더 충실해야 한다. 스트레스 절정인 불타는 금요일 저녁 간만의 회식 자리에서 과장, 대리 할 것 없이 모두가 직함을 내려놓고 노래방에서 고래고래 소리를 지르며 노래하는 모습은 '본능'에 가깝다. 그러다 자정이 다가오고, 집에서 도끼눈을 뜨고 기다리는 '마눌님'과 여직원들의 안전을 생각하며 회식 마무리 멘트를 하는 부장님 모습은 '초자아'에 가깝다. 이런 합리적 이유에 의해서 자아가 본능과 초자아를 통제할 수 있다면 자아는 피곤하지 않을 것이다. 니체가 이야기한 '자유 의지'도 바로 이 '자아'와 관련이 깊다.

하지만 어느 날 갑자기 정부가 사회 정화를 위해 모든 노래방을 없애고, 저녁 7시까지 귀가해야 하며, 전국의 술집을 불법 업소로 지정해버린다면 '초자아'를 지나치게 부풀린 것이다. 이때 자아는 거대한 초자아에 눌리고, 누르면 누를수록 더욱 꿈틀대는 '본능'에 받히기 때문에 엄청난 피로감을 느낀다.

안정적 타이틀을 얻은 후에 필요한 것

이런 현상은 개인의 역사에서도 그대로 재현된다. 갓 태어난 아기는 춥고 배고프고, 마음에 안 들면 울어버리는 본능에 충실한 시기를 거쳐, 아버지라는 거대한 초자아와 경쟁하고 억눌리는 시기를 지나, 비로소 '나'라는 개념의 '자아'를 확립해 살아가는 성인기를 맞이한다. 이 성인은 나이가 들어 노인이 되고 '자아'의 완성을 꿈꾸며 죽어간다. 그러므로 성인기의 절정이라 할 40대에, 자아는 '자유 의지'를 마음껏 시험하고 누려보고 싶어 한다. 표면적으로는 단란한 가정과 든든한 가족이 있고 안정적인 직장과 사회적 타이틀이 있는데, '자아'는 대체 왜 외로움을 느끼는 걸까?

정신분석학의 주요 이론인 대상관계이론(Object Relation ship Theory)에 따르면, 완성된 자아는 다른 중요한 사람과 관계를 맺을 때 받은 느낌을 기억한다고 한다. 그것을 '내재화(internalization)'라 부른다. 이 내재화된 느낌은 또 다른 사람과 관계를 맺을 때 사용된다. 즉 자아는 자신 안에서 성숙이 되면 외부와 관계를 맺으려 하고, 외부와 관계를 맺으면서 자아를 키워나간다.

여기서 어느 정도 완성된 자아는 자기 내부의 초자아나 본능과의 싸움에 많이 익숙해진 상태다. 그러한 싸움을 계속하면서 '자아'가 완성되었기 때문이다. 완성된 자아는 비로소 자신과 상대해줄 외부와의 관계를 찾는 일에 집중할 수 있다. 그렇기 때문에 외로울 수 있다. 아니 외롭다.

내부 갈등이라는 전쟁터에서 살아남은 자아는 외부와의 관계에서도 내부 전쟁만큼 치열한 전투를 벌이고 싶어 한다. 그러나 40대에게 이제 그런 외부 전쟁터는 더이상 존재하지 않는다. 20~30대에는 치열한 외부 전쟁을 치르지만, 그 시점의 사회적 경쟁은 안정적 타이틀을 좀처럼 허락하지 않는다. 그 타이틀에는 유능하니 무능하니, 활동적이니 수동적이니 하는 꼬리표가 달려 있다. 그래서 가능한 한 긍정적인 타이틀을 받기 위해 노력하고 또 노력한다. 그러다 비로소 40대에 이르러 유능하고 부지런한 사람이라는 안정적인 타이틀을 달게 되는 것이다.

이렇듯 내부 전쟁이 끝나고 안정적 타이틀을 얻게 되었을 때, 그리고 내부의 관심은 외부로 향할 때 필요한 것이 무엇일까? 40대는 자아가 형성되는 내부 전쟁이 끝나고도, 아직 한참을 더 살아야 하는 나이다. 또한 내부의 에너지가 외부로 향하고, 외로움을 느끼지 않을 만큼 가치 있는 존재가 필요한 시기다.

이 시기에는 신앙이나, 그에 버금가는 다른 가치 있는 것이 필요할 수 있다. 자식을 훌륭하게 키워내거나, 몸담고 있는 직장을 더 크게 성장시키거나, 자신이 졸업한 모교의 발전을 위해 기부금을 내는 등 상당히 큰 에너지가 소모되는 외부 관계를 형성한다. 그래서 가끔은 20대의 불꽃같은 사랑을 꿈꾸며 불륜에 빠지는 불상사가 생기기도 한다.

다시 앞에서 얘기한 50대 남성의 이야기로 되돌아오

자. 그는 고민이 없어 고민인 것이 아니다. 사실 그의 마음속에는 (유치환 시인이 이야기한) '소리 없는 아우성'이 꿈틀대고 있다. 그는 무거운 짐을 짊어지고 묵묵히 사막을 걸어 나왔고, 무리의 우두머리 사자처럼 수많은 경쟁자들과 힘을 겨루어 승리와 패배를 맛보기도 했다.

그런데 이제 새로운 시기를 경험해야 할 때, 소위 내 마음대로 살아야 하는 현실이 괜히 두렵고 무섭다. 불완전한 자신이 정해놓은 규칙과 법에 따르거나, 혹은 꼭 도달해야 한다는 강박적 목표를 향해 달려가는 것이 아니라, 자신이 살고 싶은 대로 산다는 것이 과연 옳은지 괜한 죄의식이 생기면서 불안감이 슬금슬금 올라오는 것이다. 이때 정신과 의사가 "당신 마음 가는 대로 살아도 그렇게 틀리지 않습니다"라고 조언을 해주었기 때문에, 이 남성은 자신을 되돌아보고 하고 싶은 일을 찾을 수 있었다.

이 남성은 우연히 TV 프로그램에서 유명 개그맨이 드럼을 치는 모습을 보고 드럼을 시작하게 되었다. 스무 살 어린 드럼 선생님과 콘서트를 열겠다는 희망을 품으면서 불안감도 싹 사라졌다고 한다. 그의 드럼 실력은 아직 초보 수준이고, 사실 콘서트를 생각할 만한 정도도 아니다.

하지만 그는 학창 시절 반에서 공부는 뒷전이고 놀기 바빴던 아이들이 치던 그 드럼 스틱을 손에 쥐는 순간, 온몸의 긴장이 눈 녹듯 사라졌다는 드라마틱한 이야기를 들려주었다. 사회가 정해놓은 옳고 그름에 얽매여온 삶이 자신의 자유 의지와 희망에 의해 해소된 것이다. 내가 만든 나만의 세상에서, 세상이 요구하는 도덕적 판단이 아니라 내가 하고 싶은 것을 기준으로 판단한 것이다.

소유와 무소유 사이

•

우리는 일생 동안 소유와 관련된 불안을 느낀다.

태어난 지 한 달도 안 된 아기가 엄마를 자기 것으로 만들고 싶어 하거나, 18개월짜리 아이가 엄마와 헤어질까 봐 불안해하는 분리 불안처럼 본능적인 소유 불안이 있다. 그러다 청소년기가 되면 사랑에 눈을 뜨고 그 과정에서 불안을 경험하며, 중년에 이르면 자식의 독립을 불안해하며 감정적 소유 불안을 겪는다. 이처럼 불안은 종류도 많고 그 양상도 다양하다.

소유의 사전적 의미는 '가지고 있음'으로, 법률상의 의미는 '물건을 전면적 혹은 일반적으로 지배하는 일'을 말한다. 소유의 반대말은 무엇일까? 사전에서 찾아보면 '무소유'라고 나오는데, 그렇다면 그 의미는 '가진 것이 없음' '지배하지 못함'이 된다.

그래서 사람들은 소유하지 못하면, 가지지 못한 '상실'

의 상태에 놓인다고 생각하여 불안해한다. 이 상실이 사람과의 관계에 놓이면 불안감은 증폭되고, 연인 관계에 놓이면 집착으로 변한다. 사랑이라는 감정에도 소유하지 않으면 안 된다는 생각이 맞닿았을 때 불안이 엄습한다.

감정은 솔직하고 급해서, 당장이라도 어떤 '처리'를 하지 않으면 꼭 무슨 일이 일어날 것 같다는 생각이 치고 올라온다. 사랑을 시작하려고 해도 불안하고, 사랑을 하고 있어도 불안하고, 사랑을 끝내도 불안한 이유가 여기에 있다.

사랑도 소유하려는 사람들

최근 우리 사회의 남녀 사랑 트렌드를 보면 흥미로운 부분을 발견할 수 있다. 결혼의 시기는 늦어졌지만, 연애의 시기는 빨라졌다. 결혼 시기가 늦어져 일어나는 사회적 현상에 대해서는 많은 사회학자들이 앞다투어 이야기하지만, 연애 시기가 빨라진 것에 대해서는 관심이 적다. 그래서인지 이른 연애를 경험하는 아픈 청춘들이 스스로 정신과를 찾는다. 특별히 우울하다거나 환청이 들려 정신과를 찾는 것이 아니라, 사랑을 하면서 느끼는 불안감에 상담실 문을 두드리는 것이다.

　이들은 아직 자신이 무엇을 좋아하고 무엇을 싫어하는지 이성적으로 구분해보기도 전에, 폭발적으로 끓어오르는 감정에 밀려 사랑을 시작한다. 이렇게 밀려든 사랑의 파도 앞에서 상대방을 바라보고 지켜보는 관록의 사랑이 아닌, 소유하고 가지려 하는 안타까운 사랑에 고민한다. 결과 중심적이고 빠른 속도로 흘러가는 사회에서는 일단 빨리 내 것으로 소유하는 게 안전하고 확실한 방법이라는 논리인지도 모르겠다.

　내 외래 진료실에는 하루에도 수십 명이 찾아오는데, 그날따라 면담이 길어졌다. 늘씬한 체형에 긴 생머리를 한, 누가 보더라도 호감형인 23세 의대생 A양의 면담 이야기다. 그녀는 3개월 전에 친구 소개로 한 남자를 만난 뒤 두 번 더 만났는데, 상대방한테 매우 끌린다고 했다.

　"사실 상대방은 아직 남자친구라고도 할 수 없지만 전화 통화는 자주 했어요. 그 사람이 취직 문제로 바빴고, 입사한 다음에는 오리엔테이션이다 지방 출장이다 해서 얼굴은 자주 못 봤지만요. 저는 저대로 시험 때문에 경황이 없었고요. 그래서 처음에는 저도 그냥 시큰둥했는데,

왠지 자꾸 그 사람에게 끌렸어요. 못 보니까 더 끌리더라고요. 그런데 하루는 그 사람이 서로 너무 바쁘니까 각자의 일을 열심히 하고 연인 관계로는 발전하지 말자는 거예요. 처음에는 '뭐 이런 사람이 다 있어'라는 생각이 들었어요. 그런데 이틀 정도 지나니까 없으면 안 될 것 같고, 영영 못 본다는 게 너무 불안해서 잠을 못 자겠어요. 예전에 연애할 때도 그랬어요. 저를 좋아하는 남자는 많은데, 저는 별로 관심이 안 가요. 그러다 약간 호감이 생긴 몇 사람 중에 저를 떠난다는 남자가 있으면 그가 너무 좋아지고, 그와 헤어지는 게 많이 힘들었어요."

1995년에 개봉한 박철수 감독의 영화 〈301 302〉는 사랑을 전하는 방식의 문제를 교묘하게 지적하고 있다. 301호 여자 송희는 음식에 자신의 혼과 정성을 담아 사랑을 표현한다. 그녀는 정성껏 만든 요리로 자신의 사랑을 남편에게 강렬히 표현했지만 남편은 그 정성을 알아주지 않았다. 남편은 점점 부담감을 느끼다가 이내 지쳐버렸고, 두 사람은 결국 이혼했다. 한편 302호 여자 윤희는 모든 음식을 거부하는 거식증을 앓고 있다. 그녀는 어린 시절 정육점을 운영하는 의붓아버지에게 지속적으로 성폭행을 당했다. 어린 윤희는 엄마에게 도움을 요청했지만, 엄마는 피 묻은 돈을 세며 이를 묵살했다. 윤희는 의붓아버지를 피해 냉장고에 숨었다 나왔는데, 그것을 본 동네의 한 꼬마가 숨바꼭질인 줄 알고 따라서 냉장고에 들어갔다가 얼어 죽은 것을 발견하고 큰 충격을 받는다.

이런 사연을 지닌 두 사람이 각각 아파트 301호, 302호에 살게 된다. 301호 송희는 자신의 관심을 담아 음식을 만들어주지만 302호 여자 윤희는 먹을 수 없다. 송희는 자신의 정성이 모자라 윤희가 받아주지 않나 하는 생각에 더욱 정성 들여 요리를 한다. 하지만 송희의 정성이 더 깊고 더 진지해질수록 윤희는 음식에 점점 부담을 느끼고 받아들일 수 없게 된다.

두 사람은 분명히 서로를 좋아한다. 하지만 그 마음을 전하는 '셔틀'이 상대가 도저히 받아들일 수 없는, 본질이 왜곡된 사랑이다. 어쩌면 '셔틀'이 다른 사랑은 진정한 사랑이 아닐 수도 있다. 한 사람의 편에서 보면, 그것은 그저 자신의 깊은 감성을 표현하고자 하는 욕망의 분출일 수 있다. 반면 상대편의 입장에서 보면 그 욕망의 분출은 자신의 감정 대응을 무시한 상대의 탐욕으로 느껴질 수도 있을 것이다.

앞서 만나본 A양은 자기 사랑의 틀이 있다. A양의 사랑의 틀은 '소유'다. 그에게 상대방의 사랑의 방식은 큰 문제가 되지 않는다. 그저 내가 그 사랑을 지속적으로 소유할 수 있느냐 없느냐가 가장 큰 관심이다. 그렇기에 나를 좋아하는 수많은 사람 중에 나를 떠나는 그 사랑을 놓치기 싫은 것이다. A양은 곁에 머물며 언제든 소유할 수 있는 대상에게는 흥미를 느끼지 않다가, 그 대상이 더 이상 소유할 수 없는 상태가 되면 그를 '사랑'이라는 방법으로 붙잡아두고 싶어 한다. 만약 A양의 남자가 떠나지 않고 남는다면 두 사람의 관계는 멀어질 수도 있다. 그는 A양이 손쉽게 소유할 수 있는 대상이기 때문이다. 이처럼 A양은 소유할 수 없는 사람에게 끌리는 '모순적인' 사랑의 틀을 갖고 있다.

이런 모순된 감정으로 괴로워하다가 급기야 상대방의 사랑의 틀까지 온전히 자기 사랑의 틀에 가두어 행동하게 만드는 경우도 있다. 1990년에 개봉한 로브 라이너 감독의 대표적인 영화 〈미저리〉가 바로 그런 내용을 담고 있다. 로브 라이너는 이 영화에서 우리에게 '사랑의 탐욕'이라는 화두를 던진다. 주인공 애니 윌킨스는 단순히 상대방에게 광적으로 집착하는 스토커를 넘어, 사랑의 탐욕으로 범죄 수준에 이르는 광기 어린 사랑 이야기를 들려준다.

영화에서 인기 작가 폴 셸던은 자동차 사고로 심각한 부상을 입고 정신을 잃지만, 간호사 출신의 애니 윌킨스의 헌신적인 보살핌을 받고 의식을 회복한다. 폴의 열혈 팬인 애니는 그가 기력을 되찾자 도망가지 못하게 망치로 그의 다리를 부러뜨려놓고는, 다시 그를 지극 정성으로 간호한다. 이렇게 애니는 폴에게 '상해'와 '치유'를 반복한다.

상해를 누가 가하는지는 애니에게 중요하지 않다. 다만 다치고 병든 폴이 자신 앞에 있고, 힘들어하는 폴을 자신이 지금 간호하고 있으며, 그러한 나는 폴을 지극히 사랑한다. 이렇게 나의 사랑을 받은 폴은 나를 사랑할 것이다. 그 사랑은 내가 원하는 방식으로 표현될 것이다. 그래서 애니는 폴이 예전에 썼던 소설의 결말까지도 자신의 의도에 맞게 고치라고 강요한다.

물론 A양은 애니 윌킨스와 같은 엽기적인 행동을 하거나, 상대방에게 위협을 가하지는 않는다. 하지만 애니가 폴이 썼던 소설의 결말을 고치도록 강요했듯이, 자신들의 러브 스토리를 인위적으로 만들고 일방적으로 고치고 싶어 하는 마음은 비슷하다.

내 여자친구(혹은 남자친구)는 아무리 바빠도 내가 원하면 나를 만나야 하고, '영원히 네 곁을 떠나지 않겠다'는 맹세로 나를 안심시켜야만 할까? 사랑이란 이런 인위적인 방식으로 만들어지는 것이 아니다. 그보다는 서로를 있는 그대로 받아들이고 다름을 인정하는 가운데, 두 사람 모두 변화하는 과정에서 서서히 젖어드는 것이리라.

소유의 반대말은 소유욕

돌이켜보면 한창 젊은 20대의 나 또한 사랑을 한다고 착각한 경우가 많았던 것 같다. 어떤 여성을 사랑하게 되면, 처음에는 설렘과 기쁨을 주체할 수 없을 정도지만 얼마간 시간이 지나면 걱정과 불안으로 숱한 나날을 보냈던 것이다. 내 여자친구는 나를 사랑할까? 나 말고 또 다른 사람에게 호감이 있으면 어떡하지? 나는 상대방에게 얼마나 좋은 사람일까? 이런 불안감과 초조함은 어쩌면 상대방이 나만 봐주기를, 내가 만들어놓은 틀에 완벽히 맞기를 바라는 '소유 불안'의 소산이었을 것이다.

소유가 커지면 '탐욕'이 된다. 소유란 없는 것에서 있는 것이 되는 상태를 말한다. 반면 이미 가지고 있는데도 더 가지고 싶은 상태, 즉 많이 가지고 싶은 상태가 바로 '탐욕'이다. 탐욕에 빠지면 과거를 왜곡하는 현상이 나타난다. 즉 애초에 아무것도 가지고 있지 않았던 무소유의 상태를 잊고, '(조금) 가지고 있었던' 상태로 과거를 기억하는 것이다. 원래부터 가지고 있었으니, 여기서 조금 더 가지고 싶은 마음이 든다 해도 죄책감을 느끼지 못한다. 그런 마음이 탐욕을 부추긴다.

이런 과정을 사랑에 적용해보자. 누군가를 처음 만나면 당연히 나는 과거에 그를 모르는 상태였고, 그가 나를 좋아한 적도 없을 것이다(무소유의 상태). 그러나 상대를 사귀다 보면 애초에 그가 나를 몰랐고 무관심했던 시기에 대해 잊어버린다. 그러고는 상대가 나에게 호감을 갖기 시작한 시점을 '기준점(baseline)'으로 삼는다. 따라서 더 바라고 더 집착하며, 더 많이 가져도 항상 불안하고 상대에게 만족하지 못하는 것이다.

이제 사랑이라면 알 만큼 안다고 하는 40~50대의 중년들은 사랑에 대한 소유욕과 탐욕이 줄어들었을까? 그렇지 않은 것 같다. 물론 젊은 커플들처럼 강한 욕망에 휘둘려 좌절과 갈등을 겪는 일은 드물 것이다. 그러나 여전히 내 틀에 맞지 않는 배우자를 보면 바꾸고 싶은 강박관념에 화가 나고 불안해진다. 몇십 년을 이야기해도 꿋꿋하게 버티는 상대편에게 오히려 섭섭하기까지 하다.

끝끝내 배우자가 내 맘대로 바뀌지 않으면 다른 대상으로 눈을 돌린다. 바로 자식들이다. 이 아이들은 태어나서 나만 쳐다보고, 내 이야기에 집중하고, 내가 없으면 금방이라도 울음을 터뜨릴 태세로 나를 졸졸 따라다녔다. 그랬던 아이가 청소년기에 접어들면서 나를 멀리하고, 내 말을 반박하며, 내 의견과 다른 행동을 하면 소유의 근간이 흔들리게 된다. 즉 무소유 상태로 돌아가 내가장 소중한 것을 잃는 기분이 든다.

소유의 반대말은 무소유가 아니라 '소유욕'이라는 말이 있다. 아이들은 본능적으로 독립을 원한다. 그들도 그들의 인생을 소유하길 원하기 때문이다. 자신의 인생을 부모가 소유하는 상태에서 자기가 소유하는 상태로 전환하는 것을 '독립'이라고 한다. 우리 인생을 한번 되돌아보자. 생후 1개월 무렵의 아기에게 어머니는 없으면 안 될 존재다. 아기가 자라 어른이 되고 결혼을 하면, 없어서는 안 될 존재였던 어머니에게보다 더 많은 관심과 소유욕을 자신의 아내(혹은 남편)에게 쏟아붓는다. 그리고 아이가 태어나면 그 관심은 자녀에게로 향한다. 자녀가 성장하고 그 자신은 중년이 되었을 때, 관심과 소유욕을 어디다 쏟아내야 할지 몰라 자칫 자녀에게 집착을 보이기도 한다. 이때 자기 인생을 소유하고자 하는 자녀의 '독립'을 저해하고 있는 건 아닌지 돌아봐야 한다.

사랑을 소유로 생각하는 우리의 감정 혹은 생각의 방식은, 어쩌면 우리 인생 전반에 걸쳐 다른 일에도 영향을 미칠지 모른다. 한번 돌이켜보자.

불안 통제에 도움을 주는 감정의 분화

●

인간의 심리가 자라지 못하고 태어난 당시의 상태로 머물러 있다면, 인간은 불안해서 살아가지 못할 것이다. 아주 작은 외부의 스트레스나 갈등도 감당하지 못하고 노상 힘들어만 하다가 사멸될지도 모른다. 인간의 뇌는 다양한 자극을 받아들이면서 성장하고 성숙하며, 스트레스나 갈등에 대응하는 요령과 힘을 기르고, 외부 자극에 대한 불안을 차츰 통제할 수 있게 된다. 불안의 통제는 감정의 분화(分化)에서 많은 도움을 받는다.

고전 심리학에서 말하는 분화란, 조건 형성에서 강화가 있는 자극에는 반응하고 강화가 없는 자극에는 반응하지 않는 것을 말한다. 쉽게 설명하면 다양한 외부 자극에 대해 자신의 감정을 적절한 방법으로 표현하는 감정 반응을 일컫는다. 처음에는 스스로 조절 가능한 수준의 사소한 속상함, 어려움, 갈등에 반응하는 감정들을 경험하고 발전시키면서 불안에 맞설 수 있는 능력을 조금씩 키워나가는 것이다. 감정의 분화는 생물학적 발달, 즉 뇌의 발달과 밀접한 관련을 맺고 있다.

최근 유행하는 뇌 분석은 뇌의 어느 한 부분의 기능을 연구하기보다는, 서로 연결된 네트워크 간의 상호작용을 중점적으로 파헤친다. 우리가 아무 일도 하지 않고 멍하니 있을 때 활성화되는 뇌 네트워크인 '디폴트 모드 네트워크(Default mode network, DMN)', 외부의 자극이 들어왔을 때 그것에 집중하고 반응하는 행동을 유발하게 만드는 집중회로(attention network), 자기가 한 일에 대한 보상과 관련된 보상회로(reward circuit), 감정 조절과 관련이 있는 감정 회로(affective network) 등의 상호작용을 연구하는 것이다.

사람은 태어나서 7세까지는 뇌가 점점 자라다가, 그 이후로는 자기가 필요한 일과 목표에 맞게 필요 없는 신경을 제거하는 가지치기를 한다. 최근 많은 연구 결과에 따르면, 주의력결핍 과잉행동장애(ADHD)나 충동조절장애 환자들의 경우 이 분화 과정이 느려지는 추세라고 한다. DMN 영역과 집중회로 영역 간의 경계와 역할이 명확하게 구분되는 분화가 이루어져야 하는데, 그렇지 못하다는 것이다. 쉴 때 활성화되는 영역과 집중할 때 활성화되는 영역이 서로의 역할에 충실하지 못하고, 쉴 때도 약간 활성화되어 있거나 집중할 때 쉬어야 하는 부위가 계속 활성화되는 상황이 벌어지고 있다. 서로 다른 뇌 네트워크 사이의 분화뿐 아니라, 하나의 네트워크 사이에서도 성장과 분화가 제대로 이루어지지 못하면 우리의 심리 작용은 쉼, 집중, 감정 변화에 적절하게 대처하지 못하게 된다.

불안한 감정이 비논리적 생각을 만든다

뇌의 발달과 분화와 마찬가지로 우리의 마음도 성장과 분화를 구분하지 못하는 경우가 많다. 과한 감정을 느끼거나, 꼬리에 꼬리를 무는 생각과 감정을 경험하는 경우가 그러하다.

회사에 지각할 상황인데 신호등이 있는 횡단보도에 빨간불이 들어왔을 때 무단 횡단을 하는 상황을 가정해보자. 우리는 '혹시 누가 나를 보면 어떡하지? 이러다 교통경찰한테 걸려서 벌금이라도 내게 되는 건 아닐까?'

라는 생각과 동시에, '파란불까지 기다리지 않고 빨리 건너서 지각하지 않을 것 같다'며 안도하기도 한다. 불법적 행동을 하긴 했지만 아무에게도 들키지 않았고 벌금도 내지 않았으니, 누군가 나를 감시한다는 생각은 이내 없어진다.

그러나 조현병이나 피해망상증 환자는 여전히 누군가 나를 감시한다고 생각하고 이런 생각에서 쉽게 벗어나지 못한다. 감시당한다는 생각이 점점 깊어져 (우리가 생각할 때는 거짓에 가까운) 극히 희박한 가능성은 진짜 일어날 것 같은 가능성으로 뒤바뀐다. 그러다 결국 FBI가 나를 감시한다는 생각에까지 이르게 된다. 불안한 감정이 지속적으로 쌓여 비논리적인 생각으로 번지는 것이다.

그렇다면 이럴 때는 어떻게 치료해야 할까? 먼저 치료자는 그것이 잘못된 생각과 감정의 버무림이라고 긍정하지도 부정하지도 말아야 한다. 그런 다음 이제껏 그런 생각과 감정을 마음에 담고 살아온 환자의 힘든 시간을 알아주고, 현재 상태에 공감해주어야 한다. 아무리 훌륭한 정신분석학자라도 망상에 시달리는 환자를 논리로 설득할 수는 없다. 정신분석학자가 성공했다면 그 환자는 망상이 아니라 잠시 잘못된 생각을 하고 있었던 것뿐이다.

여하튼 의사가 자신의 힘든 상황을 이해해주면, 단단히 굳어진 망상 환자의 비논리적인 생각과 감정은 조금씩 헐거워진다. 그리고 구체적인 상황에 맞게 생각과 감정이 자리를 잡아간다. 뒤엉켰던 감정과 생각이 정상적인 상황으로 다시 분화되어나가는 것이다.

감정이 자리 잡기까지

감정의 분화는 사람의 성장 과정에서도 쉽게 볼 수 있다. 갓 태어난 아이는 자신의 모든 감정을 울음으로 표현한다. 놀라도 울고 추워도 울고 배고파도 운다. 그러다 점차 익숙해지면 약간의 놀라움과 새로움에 대해서도 불안해하지 않으며 그런 상황을 재미있다고 느낀다. 이때 입꼬리가 살짝 올라가면서 얼굴 근육을 움직여 눈을 반달 모양으로 만들 때 느끼는 감정을 기쁨이라 한다. 아이는 성장하면서 치아가 보이도록 입을 더 크게 벌리고 '하하하' 소리를 내며 웃는 것이 기쁨이고, 눈에서 뜨거운 물이 흐르고 꺼이꺼이 소리가 나오는 것은 슬픔임을 경험한다. 이런 과정에서 감정의 분화가 일어나는 것이다.

흔히 몸이 어른 수준으로 자란 청소년기에는 감정의 분화가 끝났을 것이라고 생각하지만, 이는 오해다. 감정의 분화는 여전히 진행 중이다. 청소년기에 많이 나타나는 가면성 우울증(masked depression)이 그것을 단적으로 보여준다. 보통 우울증이라 하면 우울한 표정을 하고 어두컴컴한 방에서 아무 말도 없이 이불을 뒤집어쓰고 있는 모습을 상상한다. 그러나 청소년들은 그렇지 않다. 공격적이고 화내고 짜증내며, 목소리가 커진다. 우리는 이것이 우울증의 증상이라고는 감히 생각하지 않는다.

겉모습이 다를 뿐 그들의 내면에는 우울하고 허전하고 불안한 마음이 가득하다. 만약 청소년들의 감정이 성인만큼 분화되어 있다면 그렇게 공격적이고, 짜증을 내지는 않을 것이다. 어른들은 기분이 가라앉고 몸이 힘들거나 왠지 다른 사람과 이야기하기가 꺼려지면, 컨디션이 좋지 않아서 대화가 조금 힘들 것 같다고 이야기한다. 그러나 청소년은 그런 감정을 표현하는 데 서툴기 때문에 무작정 '저리 가' '안 해'라며 귀찮아하고 화를 낸다. 이런 모습을 보고 어른들은 아이가 이유 없이 짜증을 낸다고 생각한다.

진료실을 찾는 대부분의 게임 과몰입 청소년 혹은 대

학생들의 부모는 '아이에게 무서워서 말을 못 걸겠다'고 한다. 밥 먹으라는 말만 해도 버럭 화를 내고 일찍 자라고만 해도 죽일 듯이 달려드니, 도대체 저 아이에게 무슨 말을 해야 하느냐며 두려움을 호소하는 부모들이 많다.

그런데 아이들 얘기를 들어보면, 부모가 자신이 게임만 하면 옆에 와서 '밥 먹어라, 잠자라, 공부해라, 건강을 해친다' 등 지나치게 참견을 한다는 것이다. 부모가 나를 걱정해서 그렇게 말하는 것은 알지만, 막상 그 순간에는 그런 생각이 안 든다. 부모의 걱정은 '너는 왜 게임만 하냐, 인간답게 살아야지, 왜 공부를 안 하냐, 끼니도 거르고 게임만 하니 게임 중독자 아니냐'라는 비난의 말로 들린다고 한다.

같은 이야기라도 칭찬으로 들릴 수 있고 비난으로 들릴 수 있으며, 말하는 타이밍과 감정의 농도에 따라서 같은 말이라도 다르게 해석될 수 있다. 청소년들은 이러한 감정의 분화에 아직 익숙하지 않기 때문에 위와 같은 현상이 나타날 수 있다. 청소년기를 거쳐 성인기에 이르면 각자의 경험과 배움을 통해 자기 나름의 감정이 자리 잡게 된다.

감정의 혼란을 어떻게 맞이할 것인가

그런데 이런 감정의 분화가 멈추고 다시 처음의 상태로 퇴행하는 시기가 바로 중년이 아닐까 한다. 중년의 마음의 서랍에는 인생에서 극적이고 다양한 감정을 겪고, 그것을 정리해 나에게 알맞게 저장한 감정들이 들어 있다. 그러다 문득 기쁘면 또 얼마나 기쁘고 슬프면 또 얼마나 슬플까 하는 생각을 잠시 가지게 된다. 낙엽이 떨어지는 가을이면 눈물을 흘리던 예민한 감수성도, 흐르는 세월 속에 익숙해진 탓에 무뎌진다. 작년에도 떨어졌고 올해도 떨어지고 내년에도 떨어질 낙엽은 그저 지나가는 가을의 일부일 뿐, 서운한 마음조차 옅어져버린다.

감수성이 퇴행한다고 할 때 이 '퇴행'이라는 말에 조금 거부감이 들 수도 있겠다. 그러면 차라리 '정리'라고 표현하는 것이 더 적절할지 모르겠다. 중년 무렵 우리의 감정은 반듯하게 정리된 서랍 속의 내용물처럼, 언제 어떻게 어디서 꺼내야 할지를 잘 알 수 있는 상태로 놓여 있다고 할 수 있다. 격하고 활동적인 면은 줄었지만 감정은 더 다양해지고, 굳이 겉으로 표현하지 않아도 마음속에 잔잔히 떠오르는 것이 중년의 감정이다. 청소년기의 감정은 강렬하고 급하고 가변적이지만, 중년의 감정은 겉으로 드러나지 않아도 다양할 수 있다.

그러다 우리는 10대 사춘기에 심하게 겪었던 감정의 변화를 소위 '갱년기'의 한복판에서 다시 만난다. 이때 어릴 적 나를 놀라게 한 그 혼란스러움을 또 겪어야 한다는 데서 불안감이 생긴다. 그러나 사춘기와 중년의 감정 변화에는 다른 점이 있다. 세월이 흐르면서 어찌되었든 (어릴 때보다는) 좀 더 온전한 형태로 그 변화를 맞는다는 것이다. 인디언들이 인간의 감정을 얘기할 때 가슴에 손을 얹고 이야기하는 것처럼, 뭉근하게 나 자신을 느끼며 감정의 혼란을 맞이하는 것이다.

중년은 이미 20년 이상 사회가 요구하는 도덕적 판단에 길들여져 왔기 때문에, 내 마음대로 행동하는 것에 죄책감을 느낀다. 그러나 정상적인 중년이라면 아무리 자기 마음대로 행동한다고 해도, 이미 밑바탕에는 사회의 도덕적 판단이 자리 잡고 있기 때문에 쉽게 방탕해지지 않는다. 자신의 행동이 도덕에 어긋나지는 않는지 곱씹으며 망설이지 않아도 죄의식이나 불안감이 현실로 나타날 가능성은 별로 없다는 말이다. 그러니 자신이 느끼는 감정 그대로 솔직하고 순수하게 행동하는 어린아이 같은 중년이 되어보는 것도 괜찮다.

2부

내 마음속

불안 다스리기

두려움의 실체를 찾아서

•

"왠지 모를 두려움에 가슴이 답답하고 불안해요. 이유를 모르겠어요."

진료실을 찾는 많은 사람이 이렇게 말한다. 하지만 놀랍게도 이들과 10분 정도 이야기를 하다 보면, 이들 대부분은 자신이 어떤 것 때문에 스트레스 받는지, 현재 무엇을 어려워하는지 잘 알고 있다. 그러면서도 '이유를 모르겠다'고 말하며 병원을 찾는 것이다.

이들의 '이유를 모르겠다'는 말은 다음과 같이 길게 설명될 수 있다. "지금 답답한 것이 어떤 것인지는 알겠는데 딱히 해결 방법은 없고, 다른 어려운 일들과 섞여서 복잡해지기만 하는 것 같아서 그것을 덮어두고 싶은데 나중에 일이 커질까 봐 걱정돼요." 이때 의사의 역할은 이 긴 문장을 간단히 정리해서 명확하게 정의해주는 것이다.

지금, 여기서 일어난 일 알기

내가 무엇을 두려워하고 지금 그것이 얼마나 두려운지를 알아보는 가장 좋은 방법은 진실과 사실을 찾아보는 것이다. 그 방법은 의외로 멀리 있지 않고, '지금 여기(here and now)'에 있다. 사람들은 흔히 진실을 찾기 위해 먼 과거를 찾고, 여기가 아닌 그곳에 주목한다. 그래야 지금 여기서 불안한 대상을 만나지 않고 가장 합리적으로 '도망칠' 수 있기 때문이다.

따라서 불안장애 환자와 면담할 때 기본은 '지금 여기서'를 다루는 것이다. 영화나 드라마를 보면 흔히 정신과 의사나 심리학자들이 환자의 어린 시절이 어땠느니, 어머니와의 관계가 어땠느니 하는 이야기를 한다. 그러나 실제 치료 면담에서 정신과 의사가 가장 중요하게 다루는 것은 과거도 미래도 아닌, 지금 현재 여기서 일어난 일에 대한 지각과 해석이다.

환자가 이야기하는 것 그 자체가 환자의 진짜 어려움이다. 정신과 의사가 상상을 통해 가설을 세워 추측하는 것은 환자의 진짜 어려움이 아니다. 따라서 의사가 환자의 상황을 상상하면서 "이런 것이 당신의 어려움이군요"

라고 말하기보다는, 환자가 직접 "이런 점이 힘들어요" "저런 것이 하고 싶어요"라고 말하게 만드는 것이 진정한 상담이라 할 수 있다.

마음속 두려움을 찾는 첫 번째 방법은 지금 여기서의 문제를 찾는 것이다. 그러려면 환자의 여러 문제들 가운데, 가장 중요한 문제를 살펴봐야 한다. 다시 말해 우선순위가 높은 고민이나 갈등을 살펴보는 것이다. 그것이 바로 그가 가지고 있는 두려움일 것이다.

통제하고 있지 못하는 것 찾기

공황장애나 불안장애의 가장 흔한 인지 행동 기법의 하나는, 수의근(자기가 마음먹은 대로 움직일 수 있는 근육) 조작 기법을 통해 '당신이 지금 당신의 몸을 조절할 수 있다는 것'을 계속 깨닫게 해주는 것이다. 공황장애 환자는 자신이 숨을 쉬고 있는데 숨을 못 쉰다고 지각한다. 자신이 살아 있음에도 곧 죽는다고 생각한다. 여기서 과거를 들춰내 엄마와의 관계를 상기시키거나, 어릴 적 누군가에게 크게 상처를 입은 일들을 말해 봐야 소용없다. 간단히 수의근 조작 기법을 통해 '당신이 오른팔에 힘을 주었으니까 오른팔이 올라가고, 왼다리를 들었으니 왼다리가 올라간다'는 사실을 느끼게 해주면 된다. 그런 다음 '당신은 숨을 쉬고 있으니까 현재 호흡이 가능하고 죽지 않는다'고 말해준다.

환자들은 '죽어도 (절대로) 안 죽는다'는 말에 큰 위안을 받는다. 진료 시간에 나는 "○○ 씨는 그렇게 증상이 심해서 자신이 생각할 때는 곧 죽을 것 같지만, 그 병은 절대로 죽는 병이 아니에요. 죽어도 안 죽어요"라고 이야기한다. 환자는 내 앞에서는 어이없다는 듯 가볍게 웃어넘기지만, 막상 혼자 있다가 공황장애 증상이 나타나면 그 말이 가장 기억에 남는다고 한다.

이렇듯 두려움이라는 것은 내 의식 속에 떠오르는 느낌이기 때문에 내가 통제할 수 있다. 내가 통제하기 힘든 갈등이나 문제라면 내 의식 속에 떠오르지도 않고, 더 깊은 곳에 숨어서 보이지 않을 것이다. 따라서 마음속 두려움을 찾으려면 내가 '지금 여기서' 고민하는 문제들 가운데, 당장 통제하지 못하는 것을 찾아봐야 한다. 이렇게 하는 것만으로도, 내 인생의 주인으로서 주권을 회복했다는 생각에 불안이 줄어든다.

가식적인 내 모습에
불안 초조하다면

•

요즘은 진료실을 찾아 "이제 내 마음대로 살고 싶어요"
라고 말하는 사람이 많다. 우리는 마음은 슬픈데 말은
기쁘게 해야 하고, 표정은 무표정해야 하는 삶을 살고
있다. 이런 식으로 속마음과 겉모습이 불일치하는 '부자
연스러움'은 삶을 어색하게 만든다. 이 어색함을 빨리
없애고 싶은 마음은 '불안'과 '초조함'을 불러일으킨다.
또한 불안과 초조함은 삶이 행복하지 않다는 자각으로
이어진다.

가식적인 표현은 내 것이 아니다. 어떤 상황에 적절하
다고 누군가 지정해준 것이다. 그것은 다른 사람의 감정
이고 다른 사람의 생각에 불과하다. '이제 내 마음대로
살고 싶다'는 말은 '말, 표정, 감정이 일치하는' 삶을 살고
싶다는 소망의 표현으로 해석할 수 있다.

말과 표정의 불일치가 알려주는 것

사람은 누구나 인간관계에서 특히 잘하는 것이 한 가지씩은 있다. 어떤 사람은 상대방을 기분 좋게 만드는 재주가 있는가 하면, 쉽게 긴장을 풀어준다거나 집중하게 만드는 능력이 탁월한 사람도 있다. 나는 상대가 표정을 꾸며낼 때 그것을 귀신같이 알아보는 재주가 있다. 어떤 사람이 온갖 미사여구로 칭찬을 늘어놓아도 그것은 과장이고 거짓이며, 다른 데서는 금방 나에 대해 딴소리를 할 거라는 직감이 든다. 나중에 여러 경로를 통해 확인해보면 이 직감은 백발백중이다. 반면 내 앞에서는 퉁명스럽고 투덜대는 사람이 속으로는 나를 좋게 생각한다는 걸 상당히 정확하게 맞추기도 한다.

특히 외래에서 청소년 환자를 접할 때가 그렇다. 청소년들은 대부분 부모에 의해 강제로 끌려오기 때문에 처음 만나는 정신과 의사에게 호감을 표현하는 경우는 거의 없다. 첫 만남에서 나와 아이들 간에는 그리 아름답다고 할 수 없는 대화가 오가기 일쑤다. 하지만 아이들은 오래지 않아 내가 다른 정신과 의사와 다르다는 것을 느낀다. 나는 간혹 아이들에게 직접적으로 "너 나 마음에 드니?"라고 묻는다. 그러고 나서 아이들이 대답을 하면 나는 아이들 표정을 유심히 살피는데, 신기하리만큼 표정과 일치한 답을 한다. 물론 아이들이 '마음에 들어요, 좋아요'라는 대답이 나올 것 같은 시기까지 기다렸다가 물어보기도 하지만 말이다.

아이들은 먼저 힘들고 억울한 점, 스스로 열등하다고 생각하거나 노력해도 잘 안 되는 점들이 억눌려 압축된 감정을 폭발시키고 충분히 토로한 뒤에, 내 질문에 긍정적으로 '좋아요'라고 대답한다. 그런데 조금이라도 가식적으로 꾸며낸 감정이 들어가면 아주 어색한 표정으로 '글쎄요, 잘 모르겠네요'라는 모호한 대답을 한다.

성인의 경우도 마찬가지다. 여러 가지 문제로 고민하던 환자들이 충분히 진솔하게 힘든 점을 이야기하고 치료자가 진심으로 자기 이야기를 들어주었다고 생각하면 '정말 감사해요'라는 표현이 말, 표정, 감정에서 오롯이 드러난다. 아무리 훌륭한 연극배우라도 그런 연기는 완벽하게 해낼 수 없을 것이다. 그렇기에 나는 그 '일치'를 알아채는 것이고, 그것을 알아채면 '진실'을 마주한 기분으로 가슴이 벅차오른다.

있는 그대로의 나를 알고 인정하기

슬럼프에 빠져 있는 선수들은 한결같이 "내가 지금 무엇을 하고 있는지 모르겠어요"라고 이야기한다. 야구 선수는 아무리 배트를 크게 휘둘러도 자기 스윙을 하는 것인지 남의 스윙 폼을 흉내 내는 것인지 모른다. 스케이트 선수는 아무리 스케이트를 타고 있어도 얼음을 밟고 있는 것인지, 얼음 위에 떠 있는 것인지 못 느끼는 것이다.

이들은 슬럼프에서 탈출하기 위해 의식적으로 자신을 다시 찾으려 노력한다. 그러나 의식하면 할수록 자신을 찾는 것은 더 어려워진다. 의식적으로 자기를 찾는 사람들은 흔히 밖에서 자신의 모습을 찾으려 애쓰기 때문이다.

어떤 사람이 춤을 글로 배웠다고 하자. 그 한없는 부자연스러움 때문에 춤을 추는 사람도 보는 사람도 모두 손발이 오그라드는 상황에 놓일 것이다. 그의 춤이 부자연스러운 이유는, 스스로 만들어낸 동작이나 몸짓이 아니라 글이 시키는 대로 춤을 추기 때문이다. 어색하게 발레 동작을 흉내 내는 것보다는, 모내기를 하다 새참에 곁들인 막걸리를 한잔 걸친 농부의 어깨춤이 더 흥겨울지 모른다. 자기 몸을 있는 그대로 인정하고 표현하는 자신의 동작이 보이기 때문이다.

춤을 추는 사람은 자신을 사랑한다. 자기 몸을 인정하는 것은 내면을 인정하는 것이고, 그것은 곧 자기 자신이 되는 것이다. 달리 말하면 '자신감'을 얻는 것이다. 자신 감은 내가 잘났음을 느끼는 감정이 아니다. 자신감은 말 그대로 있는 그대로의 나를 알고 인정하는 것이다. 내가 움직이는 대로, 내가 힘을 주는 대로 혹은 힘을 빼는 대로, 내가 움직이고 싶은 대로 그렇게 나를 느껴보는 것. 그것이 나를 찾는 가장 빠르고 좋은 지름길이다.

자기 스윙에 자신이 없다고 털어놓는 골프 선수들에게 나는 가끔 눈을 감고 스윙을 해보라고 한다. 눈을 뜨고 있으면 거울 속의 나, 주변 코치의 눈, 내 공이 날아가는 방향 등 내가 아닌 외부의 것에 자꾸 시선이 가게 마련이다. 그러나 눈을 감으면 외부의 것이 보이지 않으므로 나 자신을 보게 된다. 3년 전 타격왕 당시의 스윙 폼이나 미국 메이저리그에서 지금 최고로 꼽히는 선수의 스윙 폼은 모두 과거지사이고 남의 일일 뿐, 지금 여기의 내 모습이 아니다.

지금 여기서의 문제를 알아내고 해결책을 찾으면, 비

록 문제 해결에 실패한다 해도 마음이 편해진다. 자신의 생각(말), 표현(표정), 감정이 일치하기 때문이다.

미래가 아닌 현재의 나를 즐겨라

나는 운동선수들과 자주 면담을 한다. 그중에서 내가 가장 중요하게 생각하는 건 잘하고 있는 선수들과의 면담이다. 솔직히 말하면 그 선수를 위해서가 아니고, 부진한 선수들에게 귀감이 될 만한 이야기를 찾아내기 위해서다. 하지만 잘하는 선수들을 만나 이야기를 들어보면 실망할 때가 많다. 운동 인생에서 전성기를 구가하고 있으니, 나는 그들에게 뭔가 특별한 이야기가 있을 거라고 잔뜩 기대한다. 그러나 그들은 '그냥 잘된다'고, 내 입장에서는 너무도 싱겁게 들리는 대답을 한다.

그런데 그 말은 진심이다. 실제로 내 몸이 흘러가는 대로 내 마음대로 운동을 하는데, 그것이 잘되고 있는 것이다. 야구 선수라면, 야구를 진짜로 즐기고 있는 것이다. 최고의 기간이 오래가는 선수와 짧게 끝나버리는 선수의 차이는 하나다. 최고 순간의 수명이 짧은 선수들은, 잘되고 있을 때 면담을 하면 꼭 이런 말을 덧붙인다. "언제까지 이렇게 잘될지 모르겠어요. 너무 잘되고 있어서 약간 무섭기도 해요."

그들의 마음은 지금 여기를 떠나 벌써 미래로 가 있다. 잘되고 있는 현재를 춤추듯 느끼고 즐거워하며 계속 춤을 이어나가는 게 아니라, 마음이 춤판을 떠나 미래의 어느 한 구석을 향해 지금의 나에게서 조금씩 멀어지고 있는 것이다.

지금 기쁘고 행복한 날을 느끼고 즐기기보다는, 힘겹게 버틴 과거의 추억에 얽매여 미래에 올 불행에 지나치게 대비하고 있는 것은 아닐까. 흔히 과거는 '콤플렉스'라 하고, 미래는 '불안'이라 일컫는다. '지금, 여기서, 현재'의 나를 느끼며 즐기지 못하고 과거와 미래에 매달리면, 춤을 글로 배운 사람의 몸짓을 보아야 하는 관객처럼 소름 돋는 어색함으로 괴로울 것이다.

지금 여기서 표정, 말, 감정을 일관되게 일치시키는 것이 불안을 몰아내고 인생을 즐기는 가장 바람직한 방법이다. 그것은 인생 최고의 순간을 오래도록 유지하는 비결이기도 하다는 것을 기억하자.

기분이 우울하면 과거에 사는 것이고,
불안하면 미래에 사는 것이며,
마음이 평화롭다면
지금 이 순간을 살고 있는 것이다.
-노자

왜 특별한 이유도 없이
짜증 나고 불안할까

•

지금까지 우리는 마음속 두려움을 찾는 방법에 대해 알아보았다. 나는 지금 여기서의 문제를 찾고, 자신을 괴롭히는 고민들 중에서 현재 통제하지 못하고 있는 것을 찾으라고 제안했다. 여기에 덧붙여 랜덤(random, 무작위)이 포함된 계획적인 시도와, 그에 따른 성공을 통해 마음속 두려움을 해결하는 방법을 소개할까 한다. 좀 더 자세히 이야기해보자.

친구 하나가 몇 년 전부터 아무 이유 없이 짜증이 나고 불안하며 하는 일에 재미가 없다고 털어놨다. 그는 자신이 우리나라에서 가장 평범한 40대라 생각한다. 짜증과 불안의 이유를 도무지 알 수 없었던 친구는 일주일에 몇 번씩 다른 친구를 불러내 술도 마셔보고 취미 생활도 시작해봤다. 그러나 그것도 얼마 못 가 금방 흥미를 잃었다. 날이 갈수록 짜증과 원인 모를 불평이 심해지자 병원에서 항우울제를 처방받아 복용하기도 했다.

아침저녁으로 갑자기 쌀쌀해진 늦가을 어느 날, 함께 모임을 마치고 돌아오는 차 안에서 친구는 또 비슷한 심정을 토로했다. "아, 올해도 이렇게 가는구나. 별로 이룬 것도 없고 허무하다는 생각에 자꾸 짜증이 나려 해. 나같이 평범한 대한민국의 40대가 이렇게 허무한데, 다른 사람들은 무슨 재미로 살아가는지 모르겠다."

중년에 허무감에 시달리는 이유

사실 이 친구는 절대 평범한 대한민국의 40대가 아니다. 그는 의사이며, 자신의 병원을 운영하는 비교적 성공한 원장님이다. 다른 사람들이 보면 복에 겨운 소리 한다며 기가 찰 노릇인데도, 그는 자신을 평범한 40대라 생각한다. 그가 말하는 평범함이란, 중간이라도 해서 다행이라는 긍정적 평범함이 아니다. 아등바등 일을 하고 용을 써도 정상으로는 올라갈 수 없다는 한탄에서 나온 평범함이다. 그는 왜 이런 한탄을 하며 허무감에 시달리는 걸까?

문득 이 친구의 학창 시절이 떠올랐다. 그는 개성이 강해 다른 학우들과 뚜렷이 구분되었고, 자신만의 스타일을 깔끔하게 유지했다. 그 깔끔한 스타일은 일의 능률 면에서도 상당히 두각을 나타냈다. 엄청난 분량의 시험 범위를 무작정 읽는 게 아니라 도표를 만들어 외우고, 출제 비중이 낮은 부분은 과감하게 포기했다. 친구들이 맥주 한잔하러 가자고 유혹해도 그것이 자신의 계획에 포함되어 있지 않으면 단호하게 물리쳤다.

그는 효율성과 계획성, 실천력으로 무장하고 학창 시절을 승승장구했다. 그랬던 그가 40대 중반을 넘어서면서 '무작위'의 상황에 직면하자, 거기서 갈등이 분출하면서 허무함을 느끼게 된 것이다.

학생 시절에야 수업을 듣고, 수업 내용을 얼마나 소화했는지 테스트하는 시험에 응하기만 하면 그 결과에 따라 등급이 정해졌다. 즉 시작과 끝이 너무나도 깔끔한 하나의 블록으로 이루어진 과정을 잘 이행하기만 하면 되는 것이었다.

그러나 우리가 살아가는 이 사회가 모두 이런 식으로 돌아가지는 않는다. 시작만 있고 끝이 없는 일이 있는가 하면, 언제 시작했는지 모르게 끝만 보이는 일도 있다. 인간관계에서도 시작과 끝을 내내 함께하는 경우는 극히 드물다. 예컨대 우리가 일하는 직장에서는 한 해에도 수십 명씩 신입 사원이 들어오고, 같이 일하던 동료가 직장을 그만두기도 한다. 또한 우리가 자녀의 시작을 함께할 수는 있을지 모르지만, 그들의 인생이 어디로 흘러갈지 어떻게 끝날지는 알 수 없다. 이처럼 다양한 방식으로 움직이는 세상의 흐름 속에서 우리는 서로 융화된다. 나의 시작이 다른 사람의 끝이 될 수 있고, 나의 끝이 다른 사람의 시작이 될 수도 있는 것이다.

내 뜻대로 움직이지 않는 세상을 즐기는 손쉬운 방법

내 친구는 이미 자기 인생의 틀과 뼈대를 만들어놓은 사람이다. 나는 친구에게, 그 틀 속에서 진정한 자신의 인생을 즐기고 싶다면 과거에 자신이 가지고 있던 '효과성의 법칙을 한번 깨보라'고 제안했다. 스스로 시작과 끝을 정할 수 없는, 즉 정형화할 수 없는 세상에서 살아가려면 '무작위의 의외성'을 즐길 준비가 되어 있어야 한다. 다시 말해 삶의 불규칙적인 상황들을 유연하게 받아들일 수 있어야 중년에 밀려오는 인생의 허무함에서 벗어날 수 있다.

그는 한 병원의 원장이므로 이런 의외성을 생각해볼 수 있다. 병원은 꼭 일요일에만 쉬어야 할까? 아이들은 이미 다 커서 주말에 꼭 아빠가 필요한 것도 아니고 일요일에도 학원에 가는 상황이니, 차라리 일요일에 진료하고 평일에 하루 쉬는 것은 어떨까? 휴가는 꼭 휴가 시즌에만 가야 할까? 남들 다 쉬는 휴가철에 일하고 비수기에 한가하게 쉬는 건 어떨까? 휴가를 앞두고 수술 날짜를 잡으면(그는 수술을 하는 과의 전문의다) 환자들의 반응이 더 좋을 수도 있고, 더 한적하게 평일의 휴가를 즐길 수도 있다. 그는 이미 자신의 틀이 정해져 있는 사회인이기에, 이런 무작위의 상황을 즐길 수 있는 배경이 마련되어 있다. 다만 그에게는 그 틀을 벗어나면 위험할지 모른다는 불안과 강박의 틀이 하나 더 있는 셈이다.

이런 틀에서 벗어나기 힘들어하는 건 비단 내 친구만이 아닐 것이다. 자기만의 틀을 만든 뒤 틀 밖으로 나와 무작위를 즐기고 싶은 욕망과, 틀 속에 있어야 안전하고 편하다는 강박적 사고 사이에서 누구나 고민할 수 있다. 하지만 중년의 우리는 무작위를 시도할 만한 자격을 갖추었고, 또 그럴 만한 시기도 되었다. 우리에게는 여생을 함께할 가족이 있고, 부족하나마 생계를 유지할 수 있는 급여가 있다. 사회인으로서 사회가 요구하는 나의 틀을 갖추고 있다는 말이다. 또한 이렇게 틀을 갖추는 과정에서 우리는 사회의 도덕적 판단에 길들여졌기 때문에, 아무리 틀 밖으로 나와 무작위를 즐긴다 해도 이 틀을 크게 벗어나지는 못한다. 그러므로 나만의 틀 밖은 위험할지 모른다는 생각은 좀 접어둬도 된다.

무작위의 장점에 대해 한 가지 덧붙이자면, 모든 일은 다양한 원인과 과정으로 이루어지기 때문에, 반드시 어떤 결과가 나타나야 한다고 강박적인 스트레스를 받지 않고 편안하게 다양한 결과를 받아들일 수 있다는 것이다.

온라인 게임이 즐거운 이유는, 우리가 무작위의 법칙을 받아들이고 즐기기 때문이다. 이 세계에서는 컴퓨터가 창조하는 무질서함이나 온라인 속 게임 상대자의 생각에 따라, 동일한 게임 캐릭터라도 다르게 행동한다. 즉 행위자가 누구냐에 따라 결과가 무작위로 도출되고, 우리는 그런 상황에 반응하며 재미를 느낀다.

물론 직장 일을 게임과 비교하기에는 다소 무리가 있

다. 그러나 출근, 퇴근, 휴가가 반복되는 단조로운 직장 생활을 게임의 '무작위' 법칙을 응용해 설계한다면, 반드시 무언가를 해야만 하는 직장생활의 압박감이 조금은 느슨해질 것이다.

인생은 미완성

•

인생은 수많은 퀘스트(quest)로 이루어졌다 할 수 있다. 우리는 살아가는 과정에서 주어지는 각각의 과제를 수행해야 한다. 보통 8세가 되면 초등학교에 입학하고, 중·고등학교를 거쳐 대학에 진학하거나 취업을 하며, 직업을 얻어 나이가 어느 정도 차면 결혼을 하고 가정을 이룬다.

지금의 30대만 해도 결혼에 대한 인식이 우리 때와는 사뭇 다르다. 막 50대가 된 내 경우만 해도 30세 전후로 결혼을 해서 아이를 낳고, 40대에는 경제적 기반을 확고히 다져서 아이들이 대학에 진학하는 데 뒤처짐이 없도록 온갖 뒷바라지를 할 수 있어야 좋은 부모라고 생각했다. 그것이 완성된 인생이라고 보았기 때문에 가족, 특히 자식을 위해 모든 것을 포기했다. 결혼 전에 가졌던 취미를 접는 것은 물론이고, 만나고 싶은 친구도 멀리하고,

주말은 가족과 보내야 한다는 압박을 받는다.

결혼과 미혼 사이

'결혼은 해도 후회 안 해도 후회'라는 말이 있다. 주변 사람들만 봐도 결혼한 친구들은 일찍 결혼해서 청춘을 즐기지 못한 것이 아쉽다고 말한다. 반면 결혼하지 않은 친구들은 후회하더라도 결혼은 한번쯤 해보고 싶다고 말한다. 이혼한 친구들은 결혼이 아주 맛있는 밥에서 마지막 남은 밥 한 숟갈 같은(먹으면 배불러서 후회하고 안 먹으면 아까워서 후회하는) 것이라고도 한다.

니체는《인간적인 너무나 인간적인》에서 "연애로부터 맺어지는 결혼(소위 연애결혼)은 오류를 그 아버지로 하고, 필요(욕망)를 그 어머니로 한다"고 했다. 사랑하는 여인에게 거절당한 경험 때문인지, 니체는 결혼에 대해 다소 부정적인 이미지를 갖고 있었다. 결혼이란 '필요'한 일이기는 하나, 상대방을 구속하거나 지배하게 되는 '오류'에 빠질 수밖에 없다고 본 것이다. 니체에게 결혼이란 '필요'와 '오류'의 결합이 아니었을까.

아직 결혼을 하지 않은 싱글이 '결혼 생활'을 생각한다
면, 산부인과 이름을 연상시키는 '미래와 희망'보다는 니
체처럼 '구속과 담보'라는 걱정이 더 먼저 떠오를 수도
있다. 이런 심리는 자신이 생각하는 자기 인생의 완성의
중단, 즉 '미완성에 대한 두려움'에서 비롯한 것이리라.

미완성에 대한 두려움은 불안을 유발하고, 이 불안감
은 도전보다 회피를 선택하게 한다. 아직 자기 몸 하나
건사하기도 어렵다고 생각하는 20~30대에게는 이런 불
안감이 결혼을 피하는 주된 원인으로 작용할 수 있다.

길러냄인가 길들임인가

결혼. 남남이던 두 사람이 만나 서로를 완성시켜준다는
것은 정말 어려운 일이다. 그럼에도 서로 사랑하기에 그
어려움을 극복해야 한다. 니체는 어려움을 극복하는 핵
심적인 내용이 '길러냄과 길들임의 차이'에 있다고 말한
다. 길러냄이란 자연에 기반을 두고 자연과 더불어 성공
하는 방식, 즉 말 그대로 '자연스러운' 변형을 말한다. 한
편 길들임이란 자연을 거스르고 왜곡하면서 인간이 변형

되는 것을 말한다. 이렇게 본다면 흔히 연애할 때는 서로를 길러내지만, 결혼 후에는 서로를 길들이려 한다고 볼 수 있다.

예를 들어 어렸을 때부터 목소리가 유난히 좋아, 남들 앞에서 노래하는 것을 좋아한 사람이 있다고 해보자. 그 사람은 남들이 수십 번 들어도 외우지 못하는 노래를 한 번만 들어도 외울 수 있을 정도로 타고난 음감을 지니고 있다. 그 사람이 노래를 좋아하고 타고난 음악적 능력도 있으며 그래서 가수가 되었다면 그것은 길러냄에 해당한다. 반면 노래를 좋아하고 능력도 뛰어난데, 가수가 불안정한 직업이라 판단해 포기하고 사회와 부모가 인정하는 변호사가 되었다면 그것은 길들임이다.

노래를 좋아하고 잘해서 가수가 된 사람은 정말 행복한 사람이다. 많은 사람들이 자기가 좋아하는 것을 알면서도 과감하게 시도하지 못하기 때문이다. 자신의 '욕망'을 길러내기 위해 반드시 있어야 할 필요조건은 '자유'다. 내가 원하는 바를 시행하려면 자유를 누릴 수 있어야 한다.

니체는 '자유'를 다음과 같이 해석했다. 첫째, 자기 자신에 대해 책임을 지려고 하는 것이다. 둘째, 자기가 원하는 바가 있으면 고난, 시련, 결핍 심지어 죽음까지도 이겨내는 것이다. 셋째, 자기가 생각한 큰 뜻을 위해서는 다른 사람들이 희생을 당한다고 생각해도 마음에 가책이 없을 정도로 의미 있는 일이어야 한다.

니체가 말한 '자유'의 정의와는 반대로, 정신분석학에서는 인간 행동에 소위 '자유 의지'는 없다고 말한다. 즉 인간은 자유 의지에 따라 행동을 계획하는 것이 아니며, 어떤 중차대한 의미를 두고 행동하는 게 아니라는 것이다. 인간이 행동하기 전에 이미 '무의식적' 선택에 의해 행동 의사가 정해지고, 그 무의식적 의사를 행동으로 옮기는 것이다. 무의식은 과거의 경험과 행동 속에서 억압된 생각과 욕구를 포함한다. 이러한 생각과 욕구는 무의식에 꽁꽁 싸여 있어서 외부 현실의 영향을 받지 않는다.

따라서 길러냄과 길들임의 과정은 어느 한 사람에 의해 자연스럽게 길러지거나 자연스럽지 않은 방법으로 길들여지는 것이 아니다. 그 사람이 일생 동안 상대한 중요 인물들이 전부 영향을 미치는 것이다. 지금 내 문제는 아내 혹은 남편과 관련된 것이지만, 더 깊이 파고들면 내 부모형제와 20~30여 년을 살면서 내가 겪은 갈등과 행복이 영향을 미친 것일 수 있다. 또한 내 배우자가 살아온 과거도 똑같이 그 사람에게 영향을 주었을 것이다. 그것이 지금의 나와 내 배우자를 만들었고, 그러한 상태로 두 사람이 결혼을 통해 맺어진 것이다.

결혼이란 이처럼 사뭇 다른 배경과 과거를 가진 두 사람의 만남이다. 그렇다 보니 결혼 전 각자의 삶에서 문제를 해결했던 방식이 현재 두 사람 사이에서는 잘 통하지 않는 경우가 많다. 문제를 해결하기는커녕 오해와 불화의 씨앗이 되는 경우도 흔히 볼 수 있다. 결혼 초기에는 '사랑'이라는 가면에 싸여 문제가 감춰져 있다가, 살아가면서 차츰 배우자의 행동에 배신감이나 실망감을 드러내는 부부들도 있다.

길러냄과 길들임을 제대로 구분한다면 결혼이 두렵지 않을 것이다. 그렇다면 길러냄과 길들임의 대상은 무엇일까? 바로 정열과 욕망이다. 그러나 중년에 이르면 이 두 단어를 입 밖으로 꺼내기가 쉽지 않고 망설여진다. 그 나이에 정열과 욕망을 추구한다고 하면 스스로 죄스럽고, 남들 눈에 추하게 보일까 염려하는 마음이 앞선다. 젊은 시절에는 그런 것이 어느 정도 허용된다고는 하지만, 그럼에도 펄펄 뛰는 정열과 욕망을 조절하지 못하고 그대로 발산하는 것은 종교, 도덕, 관습, 철학이라는 심판관에 의해 악한 것으로 간주된다. 사회는 개인이 그런 행동을 자제하도록 '길들이려' 한다. 이러한 사회화 과정을 거친 개인은 사회가 만들어놓은 좁은 표현의 통로를 통해 몇 가지로 제한된 삶의 방식을 택하게 된다.

만약 돈, 명예, 사회적 지위, 외모를 두루 갖춘 이가 있고 그 덕을 보고 있다면, 그가 지금 정열과 욕망을 추구한다고 굳이 드러내 말하지 않더라도, 사람들은 그가 욕망을 분출하는 것을 너그럽게 허용하고 있는 셈이다.

결혼한 이들은 대부분 길들임에 대해서만 이야기한다. 자연스러운 길러냄에 대해 말하는 사람은 극히 드물다. 길러냄이란 미완성 상태이며, 초인으로 가는 걸음마 단계이기 때문이다. 개중에는 자기 인생에서 '초인'으로 가는 입구에서부터 벌써 철저히 현실과 상대방의 억압에 길들여지는 사람이 있다. 반면 자기 배우자의 길러냄을 은근슬쩍 과시하는 사람도 있다. 결혼이란 서로를 길들이는 것과 길러내는 것을 어떻게 고려하는가, 즉 '자유'라는 충분조건이 얼마나 만족되느냐에 따라 그 가치가 결정될 수 있다.

완성된 인간이란 니체의 표현을 빌리자면 초인의 상태

를 말할 것이다. 인생의 여러 퀘스트를 풀어가는 것은 결국 초인으로 가기 위한 과정에 다름 아니다. 미완성의 두려움을 극복하고 초인으로 나아가려면 변화가 필요하다. 내 욕망과 정열만 고려한 채 시대의 흐름과 변화를 거스르기보다는, 흐르는 강물에 몸을 맡기듯 내려놓는 자세를 가져야 한다. 기혼 부부는 서로의 개성과 관심을 존중하는 범위 내에서 합을 맞춰나가야 한다. 결혼을 기다리는 싱글이라면 나이나 사회적 압박으로부터 벗어나, 자신의 진정한 짝을 기다리는 자연스러운 기다림의 시간도 필요하다. 그럴 때 미완성에 대한 두려움이, 길러냄의 변화를 즐기는 여유로움으로 변모할 것이다.

오랜 친구를 만나기 두렵다면

●

SNS가 확산되면서 수십 년 전 헤어진 학창 시절 친구들을 다시 불러 모아 만나는 모임이 많아졌다. 나 역시 그런 경험이 있다. 친구들과 연락이 끊겼을 뿐이지, 다시 연락이 되어 한자리에 모이면 전처럼 신이 나서 마음을 터놓고 허심탄회하게 이야기를 나눌 수 있을 거라 생각했다. 그래서 다들 바쁘게 살고 있는 친구들을 어렵게 불러 모았다.

나는 몇 달간 기대에 부풀어 동창회 날만 기다렸다. 드디어 동창회 날, 다들 겉모습은 변했지만 학창 시절의 추억을 이야기하다 보니 만감이 교차했다. 그 시절 술고래로 소문난 친구도 그 자리에 참석했다. 그는 어떤 술자리건, 한번 술을 마시면 동이 틀 때까지 끝장을 봐야 하는 정말 호기로운 친구였다. 그날도 그 친구 덕분에 술자리가 늦게까지 이어졌다. 가족 모임이 있어 일찍 자리를 뜨려던 친구도 다음 날 아침 중요한 일이 있는 친구도, 다들 그 술고래 친구에게 붙들려 꾸벅꾸벅 졸며 힘들게 자리를 지켰다.

새벽 4시가 되자 겨우 모임을 정리하며, 다들 오늘 정말 오랜만에 반가운 얼굴들을 마음 편하게 만났다고 말했다. 하지만 그 이후로 그런 큰 모임, 특히 그 친구가 있는 모임은 다시는 열리지 않았다. 나도 그 친구와 함께하는 모임이 왠지 부담이 되었다. 세월이 만든 외형적 변화로 인한 낯설음 외에도, 내 마음속에는 뭔가 석연찮은 아쉬움이 남았다. 나만 이런 경험이 있는 건 아닐 것이다.

매일같이 얼굴을 마주하고 하루 중 가장 긴 시간을 함께한 학창 시절 친구들과 성인이 된 뒤에도 자주 만나는 경우가 많다. 볼 꼴 못 볼 꼴 다 보며 정이 든 친구들이라 그런지 욕하고 싸우다가도 금세 풀고 서로를 위해준다. 이런 친구들과는 어떤 얘기를 하건 밤새우며 술잔을 기울이는 일이 전혀 힘들지 않았다.

그랬던 친구들도 나이가 드니 가려서 만나게 된다. 피붙이보다 더 가깝게 지내던 친구들이었는데, 어느새 만나는 게 귀찮아졌다. 그렇게 변한 나 자신을 보며 '이제 세상에 물든 것인가? 내가 너무 이기적인 것인가?' 하고 스스로를 탓하기도 한다. 왜 이렇게 됐을까?

당신이 이기적인 게 아니다

니체는 자신을 초월해 인간의 불완전함과 제약을 극복한 이상적 인간을 '초인'이라 일컬었다. 이런 무시무시한 존재까지는 아니더라도, 40대에 접어들면 사람은 은연중에 나를 세상에 맞추는 게 아니라 내가 만든 체계 안에 세상을 집어넣으려고 시도한다. 그러다 보니 마음에 맞는 사람들만 가끔 만나거나, 혼자 생각하고 즐기는 것을 더 편안하게 여긴다.

니체는 '초인'의 반대 개념으로 현재 자신이 가진 소소한 즐거움과 안락함에 자족하는 '최후의 인간'을 제시한 바 있다. 따라서 고독을 즐기고 세상을 주체적으로 살아가려는 성향은, 이 최후의 인간에서 탈피하여 자신이 만들어낸 초인의 문턱으로 접어드는 과정의 산물이라 할 수 있다.

이렇게 볼 때 니체는 고독을 그리 나쁘게 생각하지 않

았던 것 같다. 오히려 내가 나와 이야기하는 시간이며, 나를 돌아보고 알아가는 시간으로 생각했다. 무릇 고독이란 자신과의 대화를 통해 생각의 지평을 넓히는 시간이란 뜻이리라. 40대는 자신을 돌아보는 시간을 더 소중히 여기고 혼자만의 시간을 즐기는 고독한 은둔자이기 때문에, 친구는 제3자에 불과하다고 생각할 수 있다. 그래서 철없던 10대와 20대의 친구들이 그때의 감정으로 나에게 달려드는 것이 불편하게 느껴질 수 있다.

니체는 말한다. "그대는 친구 앞에서 어떠한 베일도 쓰려고 들지 않는가? 그대가 있는 그대로의 그대 자신을 그에게 보여주는 것을 친구는 영광이라 생각하지 않고, 오히려 그대를 저주한다." 자신을 조금도 감추지 않는 사람은 타인에게 반감을 자아낸다.

자신을 솔직히 보여주는 것과 감추지 않고 모든 것을 드러내는 것은 다르다. 자신을 감추지 못하고 모든 것을 보여주어야 한다는 강박관념 때문에 병적으로 보여주는 사람이 바로 여성들을 공포에 떨게 하는 '바바리 맨'이다. 이것은 정신과적 병명으로 노출증(Exhibition)이라고 하는 성도착증의 한 형태로, 노출증 환자들은 모르는 여성들에게 자신의 나체를 보여준다. 갑작스러운 공격에 여성이 자신을 보고 놀라거나 당황하거나 혐오감을 표현할 때, 이 환자는 자신의 '남성성'을 확인받는다. 건전한 경쟁으로는 자신의 남성적 모습을 인정받기 어렵다고 생각하기 때문에 변태적 방법을 동원한다는 가설도 있다.

앞서 이야기한 내 친구는 20년이 넘는 세월 동안 친구들이 많이 변했을 거라고는 생각지 못한 채, 과거로 돌아가 그때의 감정을 나누려 하면서 우정을 확인하고 싶어 한 것이다. 그러나 당하는(?) 입장에서 보면 노출증 환자를 맞닥뜨린 여성의 놀라고 당황스럽고 역겨운 심정과도 같다고 할 수 있다.

가까운 사이일수록 필요한 것

정신분석학에서는 인간의 생애주기를 60대를 끝으로 봤을 때, 40대는 인생의 각 발달 시기의 과제를 끝마치면서 자기만의 삶의 방식이 어느 정도 확정된 시기로 본다. 그 삶의 방식으로 무장한 갑옷을 입고 외부 사람들과 관계를 맺는 것(니체는 이를 '전쟁'이라 표현했다)이다. 자신만의 대인 관계 방식인 '방어기제'라는 갑옷을 믿고 잔인한 전쟁터로 향한다고도 말할 수 있다. 보편적으로, 철든 이후에는 수십 년간 그 갑옷을 입고 전쟁터에 나선다. 그런데 친구들이 과거 대학 시절처럼 관계 맺기를 바라면, 내 입장에서는 견고한 갑옷을 벗고 맨몸으로 싸우자고 덤벼드는 것으로밖에 생각할 수 없다. 그래서 불편한 마음이 드는 것이다.

그렇다면 어떻게 해야 할까? 니체는 친구를 하나의 적으로서도 존중해야 한다고 했다. 즉 세월이 만든 자신의 갑옷을 입고 칼을 차고 정정당당하게 실력을 겨루는 싸움(관계)이 진정한 친구 사이에서는 필요하다는 말이다. 가까운 친구일수록 더 정정당당하게 싸워야 한다. 이것은 서로 물어뜯고 진흙탕에서 뒹구는 삭막한 싸움이 아니다. 사회적 지위에 맞는 투구를 쓰고, 서로의 경제적 상황에 맞게 현실적 갑옷으로 무장하며, 건강과 내일의 스케줄을 생각하는 배려의 창을 들고 멋진 중세 기사처럼 결투에 임하는 것이다. 이렇게 몸과 마음의 준비를 갖춘다면 친구들과의 모임은 명예와 예절을 중시하고 상대방을 배려하는 옛 기사들의 대결처럼 근사한 만남이 될 것이다.

아직도 혼밥이 두려운 사람들에게

●

최근 코로나19로 사회적 혹은 생활 속 거리두기가 확산되면서 혼밥하는 사람이 많아졌다. 삼삼오오 짝을 짓던 직장인들의 점심 풍경도 달라졌다고 한다. 어쩌다 보니 혼밥이 장려되는 상황이 되어버렸지만, 사실 코로나 확산 이전에도 혼밥·혼술 문화는 20~30대뿐 아니라 전 연령대에서 공감을 얻는 분위기였다. 이는 바쁜 현대인들 틈에서 타인의 관심과 돌봄으로부터 소외된 '군중 속의 고독'과는 느낌이 다르다. 나이가 들어 자식들이 다 떠나가고 주변 친구들도 하나둘 세상을 등졌을 때, 혼자 세상에 남아 홀로 밥을 먹고 술을 마실 수밖에 없는 수동적 외로움과도 다르다.

혼밥이 개인 행동의 완성감을 충족시킨다

혼술과 혼밥은 내 입맛이나 그날의 기분 등에 따라 먹고 싶은 메뉴를 고르고, 먹는 시간과 장소를 정한다. 다른 사람이 원하는 시간과 장소, 입맛을 고려해 다소 수동적으로 정해지는 것이 아니다. 그런 의미에서 혼밥은 온전히 내 의사에 따라 능동적 고독을 느끼는 것이다.

고독이란 원래 '혼자라는 상태에서 오는 약간의 우울감과 그에 동반된 무료함, 그리고 주변에 아무도 없을 때 느끼는 공허함 등의 혼합된 감정'을 말한다. 혼밥의 고독에는 주변에 다른 사람이 없기 때문에 오로지 혼자 있을 때 할 수 있는 생각이 버무려져 있다.

혼밥의 고독은 '1인용 문화'에서 잘 드러난다. 이 문화는 개인행동의 '완성감'을 더 깊이 충족시킨다. 예를 들어 살짝 기름지고 얼큰한 컵라면을 혼자 먹을 때 김치는 라면의 맛을 완성해주는 화룡점정이다. 하지만 4~5인용 김치를 사면 먹고 남는 것도 처치곤란이고 가격 면에서도 부담스럽기 때문에 쉽게 손이 가지 않는다. 이때 1인용 '꼬마 김치'는 '라면은 김치와 먹어야 제맛'이라는 나만의 법칙을 완성해준다. 비록 혼자 라면을 먹을 때 내 마음은 '우울+심심+공허'의 감정을 느끼겠지만, 라면을 더 맛있게 먹을 수 있는 '라면+김치'라는 공식이 누구에게도 방해받지 않고 가장 완벽하게 완성된 것이다.

나의 혼밥 인생은 크게 세 시기로 구분된다. 첫 번째는 대학 입시에 떨어지고, 학교와 집에서 먼 동네의 텅 빈 도서관에 처박혀 외로움을 반찬 삼아 석 달을 버티던 때였다. 도서관 지하 매점에는 나처럼 세상을 피해 숨은 혼밥족이 서로를 동정하며, 뜨거운 물을 붓고 채 2분을 못 참아 컵라면 뚜껑을 열고 마는 사람의 자제력으로 세상을 살피고 있었다.

두 번째는 의과 대학 시절이었다. 그때 나는 '멀티태스킹이란 무엇인가'라는 신경인지적 관점의 질문을 경험으로 실천했다. 공부하고 놀고 운동하고 연애를 했다. 그랬더니 학장님이 경험적 학문을 더 깊이 실천하라는 뜻에서(?) 특별 기간 '유급'을 하사했다. 그래서 1년을 쭉 놀았다. 그때 혼자 밥을 먹었다.

세 번째는 유학 시절이었다. 한국에서 먹던 혼밥을, 말이 안 통하는 미국에서는 더 많이 먹었다. 나는 이때 20년간 영어를 배웠음에도 늘지 않는 내 영어 실력을 보면서 발달학적 진실을 깨달았다. 또한 의대생은 멀티태스킹보다는 단순해야 한다는 고리타분한 진실도 깨달았다. '군중 속의 고독'과 '고독한 군중'이라는 말은 나를 위해 존재한다는 철학적 각성을 한껏 체험한 시기이기도 했다.

교수가 된 지금, 나는 여전히 자주 혼밥을 한다. 시간이 없기 때문이다. 처음에는 무척 어색했다. 그러나 지금은 혼밥이 기다려지고, 옆에 누가 앉을 것 같은 자리는 피하게 된다. 혼밥을 하면서 생각도 정리하고 앞으로 어떤 일을 해야 하는지 계획하기도 한다.

이럴 때는 셀프 배식을 하는 병원 식당이 최고다. 병원 밖 음식점에서는 대개 일정하게 제공되는 반찬들이 있는데, 병원 식당에서는 내가 먹고 싶은 만큼 식판에 담고 앉고 싶은 자리에 혼자 앉을 수 있어서 좋다. 몇 년 전 병원 식당에서 '잔반 금지'를 내걸고 무시무시하게 감시하던 때는 물론 병원 식당에 발길이 뜸했던 적도 있다. 그러나 지금은 점심때든 저녁때든 자유롭고 마음 편하게 가서 밥을 먹는다. 진료가 비는 시간에 허겁지겁 가기도 하고, 연구 전후에 출출하면 찾기도 한다.

그러고 보면 혼밥은 내 연구와 진료 과정의 하나일지

도 모르겠다. 머리가 터지도록 논문을 쓰다가 안 풀리는 부분이 있으면 '가서 밥이나 먹고 올까?'라고 생각한다. 그 길로 내가 먹고 싶은 것으로, 내가 먹고 싶은 만큼 부담감 없이 배를 채운다. 그리고 다시 연구실로 돌아와 논문을 쓴다. 이런 의미에서 혼밥은 어쩌면 내 연구의 일부분일 수도 있다.

이제 자신과의 대화가 필요한 때

앞서 이야기한 대로 현대의 혼밥·혼술 문화는 '군중 속의 고독' 혹은 '고독한 군중'의 개념이 말하는 외로움과는 결이 조금 다르다. 이 개념은 미국의 사회학자 데이비드 리스먼(David Riesman)이 1950년에 출간한 《고독한 군중(Lonely Crowd)》에 등장한다. 당시 현대인들이 타인들에 둘러싸여 살아가면서도 내면의 고립감으로 외로워하는 현상을 설명한 것이다.

고독한 군중은 다시 세 부류로 나뉜다. 첫째는 자신이 속한 전통 사회의 가치관을 중요시하고 맹목적으로 따라가는 '전통지향형(tradition directed type)', 둘째는 전통 사회보다는 규모가 작은 가족 사회에 의해 학습된 내면적 도덕과 가치관을 최고로 생각하는 '내부지향형(inner directed type)', 마지막으로 동료나 이웃의 눈치를 살피며 그들의 피드백에 민감한 '외부지향형(other directed type)'이다.

원시사회는 당연히 전통지향형 성향이 강했을 것이다. 산업사회로 진입하면서 사람들은 지배 세력이나 같이 일하는 동료들의 생각과 관심에 예민해졌고, 그 집단에서 버림받지 않으려고 노력했다. 따라서 겉으로는 집단에게 잘 보이려고 사교성을 발휘하지만, 내면적으로는 언제 버려질지 모른다는 불안감과 고립감으로 항상 긴장하고 있다. 이들이 바로 고독한 군중이다.

이렇게 수십 년을 버텨온 인류는 이제 지쳤고 새로운 변화를 원한다. 그럼으로써 전통 사회와 가정으로 복귀하는 수준을 넘어, 더 개인적인 '나'로의 복귀를 꾀하고 있는 것이다. '나'로의 복귀는 니체가 이야기한 '자유의지'와도 잘 맞아떨어진다. 과거에는 '혼자'라는 개념이 집단에 속하지 못하고 혼자 떨어져 나온 '부족함'이나 '결여'를 의미하는 부정적 단어였다. 반면 지금 다시 유행하고 있는 '혼자'라는 개념은 '완성'의 의미가 한층 짙어졌다고 볼 수 있다.

언제나 그랬듯 사람은 혼자가 되어서는 안 된다는 강한 신념을 가지고 있다. 사람은 다른 동물에 비해 힘과 번식력이 약하지만, 지능이 높고 언어를 사용한다는 장점이 있다. 이러한 장점을 충분히 이용하기 위해서는 '집단' 생활이 다른 동물에 비해서 큰 이득을 준다고 판단했기에 이러한 신념이 자리 잡은 것이다.

그러나 현재 '문명'이라는 강력하고 거대한 무기를 손에 쥔 사람들은 굳이 집단이 지닌 이득을 사용할 필요를 못 느낀다. 그보다는 '개인의 완성'이라는 새로운 개념을 바탕으로 한 생활에 만족하게 된 것 같다.

가장 좋은 예가 '온라인'과 '스마트폰'이다. '스마트폰'은 전적으로 개인의 전유물이지만 세상의 모든 사람과 연결되는 '집단의 문'이다. 혼자이지만 집단에 속해 있다는 모순된 두 개념을 하나로 연결하는 상징적 물건인 것이다. 이 새로운 기기로 말미암아 현재 인류는 서로 모순되는 '혼자'와 '집단' 사이에서 공존해야 하는 상황에 놓여 있다. 스마트폰은 유용하고 흥미롭지만 과도하게 사용하면 몸과 마음에 해롭기 때문에 조절해야 한다. 혼자만의 생활은 집단의 테두리 내에서 즐겨야 한다. 지나치게 혼자만의 생활에 몰두하다 보면 사회에서 도태되어 정상적인 삶을 영위할 수 없는 극단적 상황에 빠질 수 있다. 그런 상황은 피해야 한다.

스마트폰에 대한 거부감은 어린 나이에 이 기기를 경험한 세대와, 성인이 되고 나서 처음 경험한 세대 간에 큰 격차를 보인다. 온라인 라이프에 익숙해 '군중 속의 혼밥' 문화가 낯설지 않은 젊은 세대는 '혼자'라는 것에 일종의 완성감과 편안함을 느낀다. 한편으로 스마트폰만 쥐고 있으면 맞은편에 사람이 없어도 혼자라는 느낌이 들지 않는다. 그렇기 때문에 넓은 식당에 혼자 가더라도 스마트폰을 들여다보며 아무 거리낌 없이 밥을 먹을 수 있다. 하지만 옆 테이블에서 그 모습을 보고 있는 50대 부부는 눈살을 찌푸리며 중얼거린다. "식당에 혼자 와서 밥을 먹네, 딱하기도 하지." "밥을 먹으면서까지 핸드폰을 봐야 하나?"

양쪽의 행동을 옳고 그름의 잣대로 판가름할 수는 없다. 혼밥 문화는 현재 진행 중이고, 젊은 세대와 나이 든 세대의 시각 차이가 존재한다는 것은 부인할 수 없는 사실이기 때문이다.

니체가 이야기한 대로 외로움과 고독은 '자기 자신과

의 대화가 스스로의 생각을 배가시키는' 긍정적인 효과가 있다. 혹시 아직 혼밥을 한다는 생각만 해도 마음속에 긴장감과 불안감이 올라오는 것 같다면, 그런 부정적 감정들은 잠시 내려놓자. 혼밥의 시간은 각종 대중 매체와 SNS가 판치는 세상에서 자신만의 생각을 더 많이 더 깊이 할 수 있는 기회다. 어찌 보면 40~50대가 자기만의 세계로 발돋움하기 위해 가져야 할 가장 필요한 시간일지도 모른다.

얼마만큼 깊이 고뇌할 수 있는가가
인간의 위치를 결정짓는다.

-니체

지긋지긋한 경쟁과 불안,
그럼에도 필요한 이유

●

얼마 전 정말 착한 후배 하나가 진지하게 상담을 요청해 왔다. 법 없이도 살 것 같은 이 후배도 고민이 있을까 하는 생각도 잠시, 그런 사람일수록 나름대로 힘든 점이 있다는 건 오랜 시간 환자들을 만나며 터득한 진리였다.

"형님, 우리 애가 이제 겨우 여덟 살인데, 세상 사람들이 자기를 미워한대요. 학교에서 인기 많은 친구가 있는데, 제 아들이 그 친구와 노는 걸 아주 좋아해요. 그 친구랑만 놀려고 하죠. 그런데 그 애는 같이 놀자는 친구도 많고, 성격이 자유분방해서 우리 아들하고만 놀려고 하지 않아요.

우리는 아이가 어려서부터 놀고 싶은 게 있으면 '무조건 친구한테 양보해라, 네가 한 번 양보하면 다음에는 친구도 네가 하고 싶은 걸 같이 해줄 거야'라고 이야기했어요. 제 아들이 아주 어릴 때부터 집착하는 버릇이 있었어요. 그래서 우리 부부는 늘 남에게 양보하고, 너 하고 싶은 대로만 하면서 다른 사람을 불편하게 하면 안 된다고 가르쳤죠.

그런데 문제는 그 친구가 자기 놀고 싶은 대로만 놀고 제 아들이 원하는 대로는 안 해주는 거예요. 그러다 자기 마음에 안 들면 쓱 다른 데로 가버리나 봐요. 제 아들은 풀이 죽고 잔뜩 실망하지만, 그 친구를 좋아하니 뭐라고 얘기도 못하고 그냥 속앓이만 하는 거죠. 그런 일이 반복되니까 속상한 마음이 쌓였는지, 최근에는 세상 사람들이 다 자신을 미워한다고 하더라구요…."

경쟁 경험으로 배울 수 있는 것

나는 후배에게 이렇게 조언했다. 아들이 그 인기 많은 친구와 자기 중에 누가 먼저 좋아하는 놀이를 할지 서로 '협상'을 하라고 말이다. 서로 마음이 맞아서 후배의 아들이 좋아하는 놀이를 친구가 하겠다고 하면 당연히 함께 놀면 될 것이다. 만약 그렇지 않고 자기가 좋아하는 것을 먼저 하겠다고 친구가 고집을 꺾지 않으면 다른 놀이를 제안하거나, 아예 다른 친구에게 말을 걸어보는 것이다. 모든 일은 아들이 직접 하되, 부모는 아이가 용기를 낼 수 있도록 옆에서 지켜봐주고 북돋워주라고도 당부했다.

아이들의 발달 시기에는 일부러 경쟁을 배우면서 그 경쟁을 극복해가야 하는 단계가 있다. 그러나 후배 부부의 경우 아들의 집착하는 버릇이 심해지거나, 경쟁에서 아들이 승자가 되었을 때 지는 쪽이 힘들어하고 난처해할까 봐, 자신의 아이에게 건전한 경쟁을 배울 기회를 주지 못했다.

아이들은 경쟁을 통해 승자의 쾌감과 패자의 쓰라림을 배운다. 승자의 쾌감을 유지하기 위해서는 자신을 계속 발전시키고, 패자의 쓰라림을 극복하기 위해서는 더 열심히 노력한다. 자기보다 힘세고 능력 있는 사람은 인정하고, 자기보다 약하고 능력이 없는 사람은 보듬어줄 줄 알게 된다. 어른들이 정해준 서열에 따라 힘의 관계를 가늠하는 것이 아니라 경험에 의해 직접 체험하는 것이다.

아이들의 경쟁은 어른들이 흔히 생각하듯 공부나 운동 같은 한두 가지 영역에 국한되지 않는다. 아이들은 자기가 그린 변신 로봇 그림이나 노래 부를 때의 목소리 크기, 신발 사이즈 등 어른들이 상상할 수 없는 여러 영역에서 경쟁하고 느끼며 결과를 받아들인다. 아이들이 인정하는 자기들만의 세상에서 서로 경쟁하고 승패를 받아들이면서 그 '가치'를 깨닫게 되는 것이다. 그 가치를 알게 된 뒤 승자는 패자를 배려하는 미덕을, 패자는 승자를 인정하는 존경심이 형성된다.

사실 이런 일은 사회생활을 하는 일반인들에게도 흔히 일어날 수 있다. 어른이 되어 직장에서 사회생활을 하면서 대리, 과장, 차장 순으로 직급이 올라갈수록 '외롭다' '내 편이 없다' '다들 날 싫어한다'고 말하는 사람들이 많다. 승자의 아이러니한 외로움은 패자가 뒤에서 나를 얼마나 저주할까, 또 나는 언제 패자가 될까 하는 불안감에서 비롯한다. '부처의 눈에는 부처만 보이고 돼지의 눈에는 돼지만 보인다'는 옛말처럼 내가 경쟁에서 다른 사람에게 패배했을 때 저주와 비난만 퍼부었기 때문에, 내가 이겼을 때 상대방도 나에게 똑같이 할 거라고 지레짐작하는 것이다. 결국 자기가 경쟁 과정에서 느꼈던 감정에 그대로 사로잡히게 된다. 그러므로 경쟁에서 승리했을 때 맛보는 쾌감보다는 패자를 향한 미안함을 느끼는 것이 중요하고, 반대로 경쟁에서 졌을지라도 패배감에서 비롯된 억울함보다는 승자를 향한 존경심을 얼마만큼 진정성 있게 느끼는가가 중요하다.

내가 후배에게 물었다. "아파트 청약 추첨을 하는데 사정이 어려운 사람에게 우선권을 준다고 하자. 아니면 회사에서 과장 승진 대상자를 입사 2년 후배인 김대리로 정한다면 어떻겠어? 김대리가 집안이 어려우니까 먼저 승진시키고, 너는 2년 뒤에 있을 승진 심사로 순위가 밀린다면 기분이 어떨까?" 마음 착한 후배도 그건 어렵다고 했다.

우리는 아이들이 경쟁을 통해 진정한 미덕과 존경심을 배울 수 있는 기회를, 소위 '교육'과 '예절'이라는 미명 아래 어른의 말과 글로 가르치며 빼앗는다. 그러면서 어른들도 이해하기 버거운 형이상학적 '해답'을 미리 아이에게 제시해버린다.

아이들에게 어른들이 생각하는 '도덕'을 말로 가르치기 전에, 아이들이 자신들의 '도덕' 기반이 될 수 있는 여러 상황들을 직접 자유롭게 느낄 수 있는 기회를 제공해야 한다. 어른들은 아이가 잘못될까 봐, 비뚤어질까 봐 걱정하지만, 아이의 악함은 어른들이 생각하는 수준의 10분의 1 혹은 100분의 1에도 못 미친다. 우리 아이가 이렇게 악한 생각을 하다가는 나중에 천하에 나쁜 놈이 될지도 모르니, 지금 엄하게 가르쳐서 조금이라도 악한 생각을 하지 못하게 막아야 한다고 조급해할 필요는 없다. 그보다 부모는 아이들의 순수함을 믿어주고 기다려주는 인내심을 더 키워야 한다.

경쟁에 지친 나를 위로하는 방법

어른들이 생각하는 선악을 지식의 측면에서 강요받고 자란 아이들은 모든 일을 흑백논리로 생각하는 어른이 될 가능성이 더러 있다. 이들은 대개 경쟁 상황을 잘 견디지 못하고, 압박받는 것을 힘들어하는 어른으로 성장한다.

고등학교 동창인 C는 친구들 사이에 한 가지 기록으로 명성이 자자하다. 직장을 여덟 번이나 옮긴 것이다. 친구들끼리는 직장을 그만두고 금방 또 취직하는 C의 능력이 대단하다고들 하지만, 그가 회사를 옮기는 진짜 이유를 알고 나면 다소 실망할지도 모른다. 마흔이 넘어서도 싫은 소리 한번 들었다고 회사를 그만두지 않나, 일주일 전까지도 최고로 좋다고 칭찬이 자자하던 사장을 말 한마디 실수했다고 형편없는 인간으로 낙인찍으며 이 회사는 미래가 없다고 비난하는 식인 것이다.

신기하게도 이런 사람들 주위에는 경쟁 상대가 많다. 회사에서 누군가 하나는 꼭 그를 경쟁 상대로 여기고 못살게 구는 것이다. 그러나 실제로 그렇다기보다는 그 자신이 그렇게 느끼는 것이다. 좋을 때는 세상에 둘도 없는 친구가 되지만, 나쁠 때는 경쟁 상대요 적이 되기 때문이다.

어느 날 친구 동생이 진료실로 찾아온 적이 있다. 그는 변호사 자격증을 따고 번듯하게 유명 로펌에 취직하여 모든 사람의 부러움을 사고 있었다. 가벼운 인사를 나누고 면담을 시작한 지 5분도 안 되어 그는 갑자기 소리를 내며 꺼이꺼이 너무도 서럽게 울었다.

"변호사가 되어 로펌에 취직하면 모든 경쟁이 끝나고 두 다리 펴고 살 줄 알았어요. 그런데 취직한 다음 날부터 더 힘들어지더라고요. 로펌에는 잘난 놈들이 너무 많아요. 나는 끝이라고 생각했는데, 그 끝에 희망과 안위보다는 열등감과 자괴감만이 있더라고요."

이런 사람들의 마음속에는 공통적으로 회색이 없고 흰색과 검정색만 존재한다. 이들은 어떤 경쟁이든 이기면 선이고 지면 악이라고 생각한다. 70%는 승리고 30%는 패배, 혹은 80%는 패배고, 10%는 진 것, 10%는 무승부인, 승과 패가 섞여 있는 경쟁을 경험해보지 못한 탓이다. 이들의 경우 승패의 강도는 물론 승패의 도덕적 판단 또한 양극단에 치우쳐져 있다.

정신분석학적으로 이를 '불완전한 통합적 관점'이라고 한다. 주관적 의지를 가지고 다른 사람과의 관계, 선악의 상황, 승패의 경쟁들을 경험하지 못하면 자신만의 통합적 관점이 형성되기 어렵다. 이런 불완전한 통합적 관점에 사로잡히면 경쟁에 지친 자기 자신을 위로하지도 못하게 된다.

통합적 관점이 형성되지 못한 사람은 중·고등학교 때 선생님께 혼나는 사소한 일도 간신히 견디다가, 회사에서 상사나 직장 동료의 비판적 말 한마디에 자신을 무능력자, 쓸모없는 사람으로 낙인찍는다.

'오늘은 혼나지만 내일은 또 다른 일을 잘해서 칭찬 받을 거야.'

'지금은 이렇게 혼나더라도 회사에서 내가 한 것이 있으니까 나름 인정받는 것이 있을 거야.'

어떤 사건에 나쁜 일과 좋은 일이 공존한다고 생각하

는 것은 오늘의 비난 받은 나, 경쟁에 지친 나를 위로하는 가장 좋은 방법이다. 이 방법을 잘 쓸 수 있으면 한 가지 일에 일희일비하지 않고, 극단적인 생각이나 감정에서 벗어날 수 있다.

팩트 폭력의 두 얼굴

•

누군가 나에게 요즘 말로 '팩트 폭력'으로 상처를 준다 하더라도 크게 마음 쓸 필요 없다. 그것은 그런 식으로 말하는 사람이 가진 불안의 표현일 확률이 높기 때문이다. 흔히 불안은 사실을 숨기거나 찾지 않으며 모르는 척하는 행동으로 표현된다. 거꾸로 자신이 믿는 바가 절대적 사실이라고 주장하며 남에게 강제로 주입시키려 하는 것 역시 결국은 불안의 표현이다.

마찬가지로 자신이 제시하는 팩트를 반드시 남들이 인정해야 하고, 그것이 드러나야 한다는 강박관념이 든다면 스스로를 돌아볼 필요가 있다. '혹시 내가 틀릴지도 모른다'는 불안이 팩트 폭력으로 표현되기도 하기 때문이다.

팩트 폭력이란 '반박할 수 없는 팩트(사실)로 상대방에게 큰 상처를 입히는 행위'를 뜻하는 신조어다. 유언비어와 거짓 정보, 가짜 뉴스가 넘쳐나는 요즘 같은 시대에는, 진실로 거짓을 응징한다는 의미에서 속 시원한 사이다 같은 발언으로 여겨질 수도 있다. 그런 의미에서 팩트 폭력은 슈퍼맨이나 홍길동처럼 '절대 정의'를 지닌 자가 발산하는 강력한 힘일 수도 있다.

절대성 vs. 불완전성

그렇다면 과거에는 팩트 폭력이 없었을까? 전에는 '도덕성'이라는 다른 이름으로 존재했다. 각종 문학 작품은 물론 정치 사회 곳곳에서, 가짜가 판치는 시대에 진실이 정의를 수호해야 한다면서 도덕성 회복을 외치는 소리를 많이 들어보았을 것이다.

그러나 이 '도덕성'이라는 말만큼 고리타분하고 반항심을 일으키는 단어도 흔치 않다. 많은 작가들이 타락한 현대사회의 무너진 도덕성을 회복하기 위해 다양한 이야기를 생산하고 있지만, 역시나 시대에 뒤떨어진 경직된 사고방식 때문에 큰 성공을 거두지 못하는 듯하다.

그런데 이 도덕성 하나에 초점을 두고, 그것을 그 누구보다 면밀히 강박적으로 묘사하여 베스트셀러 작가가 된 사람이 있다. 바로 이언 매큐언(Ian McEwan)이다.

이언 매큐언의 작품 중 최고의 명작을 꼽으라면, 개인 적으로는 단연 부커상 수상작인《암스테르담(Amsterdam)》 (1998)을 고르겠다. 많은 평론가들이 인정하듯, 이 작품에 서 이언 매큐언은 인간의 내면을 진지하고 깊숙이 들여 다본다. 후속 작품인《속죄(Atonement)》(2001)에서는 노 골적인 제목에서 예상할 수 있듯, "쉽게 파괴되지만 쉽게 회복되지는 않는" 인간 존재의 나약함을 더 날카롭고 직 선적으로 이야기한다.

이언 매큐언의 작품에서 한 인간의 삶이 사소한 오해 로 파괴되는 과정은 각각 남성(《암스테르담》)과 여성(《속 죄》) 화자의 입을 빌어 세밀하게 묘사된다. 먼저《암스테 르담》에서는 겉보기에 멀쩡하고 사회적으로 성공을 이 룬 두 남자의 도덕성이 사소한 오해로 인해 한순간에 무 너지는 과정이 그려진다.

유명한 작곡가인 클라이브와 권위 있는 일간지 편집국 장인 버넌은 친구 사이로, 몰리라는 한 여성을 동시에 사 랑했다. 사건의 발단은 몰리가 죽으면서 남긴 사진 몇 장 이었다. 몰리의 남편이자 출판 재벌 조지의 집에서 몰리의 정부였던 외무장관 가머니의 은밀한 사진이 발견된 것이다. 버넌은 신문 판매 부수를 늘리기 위해 사진을 공개하려 하고, 클라이브는 작곡이 난항에 부딪히자 산행을 떠났다가 성범죄 현장을 묵인하고 방조한다. 두 사람은 서로의 도덕성을 강하게 비난하고, 그들의 커리어도 나락으로 떨어진다. 결국 실패한 두 사람은 현대인의 천국으로 상징되는 암스테르담으로 떠나 죽음을 맞는다.

《속죄》에서는 한층 더 나아가, 한 사람의 이기적인 도덕성이 어떻게 다른 사람의 인생을 파괴하는지를 더 강도 높은 폭력으로 그려낸다. 영국의 어느 시골 대저택에 살고 있는 열세 살의 브리오니는 감수성이 예민한 작가 지망생이다. 브리오니의 오해로 옥스퍼드 의대에 입학한 집사의 아들 로비는 성폭행범의 누명을 쓴 채 전쟁터로 끌려간다. 한편 그를 사랑한 브리오니의 언니 세실리아는 안락한 환경을 버리고 간호사가 되어 병사들을 치료하며 로비가 돌아오기를 기다린다. 한 사람의 섣부른 도덕적 판단으로 두 사람의 인생이 돌이킬 수 없이 꼬여버린 것이다. 나이 든 브리오니는 두 사람의 인생을 파국으로 몰아간 자신의 잘못을 속죄하는 뜻에서 이 소설을 썼다고 해명한다.

두 작품을 통해 우리는 한 사람의 잔인하고 이기적이며 절대적인 도덕성이 타인을 어떻게 파멸시키는지를 읽을 수 있다. 불변하는 '선'과 '참'이라고 생각한 도덕성이란 얼마나 불완전한 것인가. 자신만의 도덕적 잣대로 타인을 평가하는 것은 어떤 결과를 낳을지 알 수 없기에 위험천만한 일이다.

이언 매큐언은 도덕성이 사라진 우리 세대 현실을 비판하며 도덕성을 회복하자고 직접적으로 이야기하지 않는다. 오히려 한 인간이 진실이라고 믿는 (검증되지 않은) 도덕성의 불완전함을 몇십 배 더 강조한다. 그러면서 도덕성에 절대성을 부여했을 때 어떤 비극적인 결과가 파생될 수 있는지를 각 인물들을 통해 구현한다.

니체가 살아서 이언 매큐언의 작품을 읽었다면, 두 소설에서 상당한 카타르시스를 느꼈을 것이다. 니체는 자신이 '진실'이라고 생각한 인간의 본성을 수많은 '선민'들이 짓밟았다고 생각했다. '선민'이라 자처하는 우매한 자의 감정과 생각을 바탕으로 도덕의 기준이 세워지고, 그것을 군중에게 강요한다. 군중은 그 기준에 따라 평가를 받기 때문에 정말 순수한 진실인 자신의 본성은 소멸되어버린다. 나아가 니체는 군중을 사로잡으려는 이기적인 종교들에 대해서도 일침을 가한다. 니체는 종교가 신에 대한 도덕성을 강조하며 인간 본연의 모습인 자유 의지를 없애려 하는 것에 반기를 들었다.

팩트 자체가 위협이 될 때

아이러니하게도 인간에게 팩트는 그 자체만으로도 충분히 폭력이다. 말하자면 사실을 인간의 눈앞에 들이밀어 무의식이 그것을 직면해야 하는 상황만으로도, 당사자에게는 위해가 될 수 있다는 것이다. 사람들은 무의식 깊은 곳에서는 사건의 진실을 알고 있으면서도, 모르는 척하거나 잘못 알고 있는 척하는 경우가 많다. 자신이 무능하다는 것을 알고 있으면서도, 다른 사람이 아무 이유 없이 나를 음해한다고 생각하는 것이 좋은 예가 될 것이다.

예컨대 옆 부서의 김차장은 별로 열심히 일하는 것 같지도 않은데 박차장보다 두 배의 성과를 낸다. 김차장이 좋은 성과를 낸다는 것은 팩트이고, 그렇기 때문에 박차장이 늦게 진급하는 것은 당연한 결과다. 그런데 박차장은 다른 사람들과 소주잔을 기울일 때 '김차장이 부사장과 사돈지간이라서 잘될 수밖에 없다, 윗사람에게 아부를 잘해서 승진이 빠른 것이다'라며 상대방을 깎아내리고 자신을 위로한다. 아무리 그래 봐야 더 비참해지는 건 바로 박차장 자신이다. 어느 누구 하나 그가 무능하다고 지적하지 않았는데도, 사실이기에 인정하고 싶지 않은 팩트 자체가 박차장에게는 하나의 위협이 된 것이다.

이것은 집단이 행하는 팩트 폭력이기도 하다. 박차장은 일의 능률에서 김차장보다 뒤떨어질 수는 있어도, 사람 됨됨이가 모자란다거나 집에서 가장 노릇을 제대로 못 하는 것은 아니다. 하지만 박차장은 그런 모든 능력은 셈에 넣지 않고 그저 회사에서의 능력만으로 자신의 인생이 실패했다고 생각한다. 이렇게 박차장이 괴로워할 때 주변 사람들이 무언의 인정을 하는 순간, 그 인정이 모여 박차장에게 팩트 폭력을 가하는 것이다.

그러므로 한 사람을 평가할 때는 직장에서의 능력뿐 아니라, 가정에서의 모습과 대인 관계까지 두루 평가해 그 사람을 파악해야 한다. 내가 지금 보고 들어서 알고 있는 사실이 전부가 아님을 인정해야 한다.

앞서 살펴보았듯이 한 인간이 진실이라고 믿는 도덕성은 불완전할 수 있고 이를 잣대로 타인을 평가하는 것도

절대적일 수 없다. 마찬가지로 팩트 폭력 역시 무조건 진
실일 수 없음을 잊지 말아야 한다.

모든 신념은
거짓말보다 더 큰 진리의 위험한 적이다.

-니체

그 누가 알까,
예스맨의 비애

•

인간은 사회적 동물이다. 우리는 다른 사람과 관계를 맺으며 살아가는데, 많은 사람이 관계 맺기에 어려움을 호소한다. 인간관계는 학교나 직장에서 일이나 학업이라는 근본 목표를 잊고, 어디론가 도망가고 피하고 싶게 만드는 가장 흔하고 가장 큰 이유가 되기도 한다.

나는 학교에 공부를 하러 왔는데, 친구 관계 때문에 학교에 가기 싫어진다. 나는 직장에 돈을 벌고 내 전공을 살리려 왔는데, 직장 상사가 꼴 보기 싫어서 직장을 그만두고 싶다. 심한 경우 학교나 직장에 가야 한다는 생각만으로도 두려움과 불안이 몰려오기도 한다. 그래도 그냥 견뎌야 할까?

대안 없는 예스가 문제다

내 친구 하나는 회사에서 아무리 바쁘고 자기 할 일이 쌓여 있어도, 상사가 퇴근 시간에 "바쁘면 안 해도 되고, 내일 해도 돼"라며 던져준 잡일을 싫은 내색 없이 처리한다. 집에서는 "아빠, 나 내일 아침 학교에 일찍 가야 하니까 차로 꼭 데려다 주세요"라는 딸의 말에 얼른 휴대폰 알람을 맞춘다. 정작 딸아이는 별로 고마워하지도 않는데 말이다. 돌이켜보면 친구는 학창 시절에는 친구들에게, 연애할 때는 여자 친구에게, 이제는 회사와 집에서까지 늘 '예스맨(Yes Man)'으로 살아왔다.

친구는 '부탁받은 일을 안 하면 어떻게 될까'라는 생각을 한 번도 해본 적 없고, '안 해도 돼'라는 상대방의 말을 곧이곧대로 믿어본 적이 없다. 그 부탁이나 명령을 누가 했든 그게 어떤 일이든 간에 자신에게 그 일이 오면 무조건 해야만 한다고 생각했고, 그 일을 묵묵히 하는 것이 '나'라는 생각으로 살았다.

예스맨의 비애는 말 그대로 '무조건' 예스라고 반응하는 데 있다. 지금 예스라고 하는 게 훨씬 더 좋은 방법이기 때문에 예스라고 하는 것과, 다른 대안을 생각도 안 해보고 예스라고 하는 것은 분명히 다르다. 자신에게 주어진 짐을 수동적으로 짊어지는 낙타와 같다고 할까.

이렇게 '외로워도 슬퍼도 안 우는 캔디'처럼 모든 상황을 감내하다가는, 중년에 이르러 여기저기서 밀려오는 많은 스트레스를 버틸 수 없다. 울지 않기 위해 어금니 꽉 깨물고 버틴다고 될 일이 아니다. 그러다 어느 날 갑자기 모든 걸 내팽개칠지도 모른다.

지쳐 쓰러지기 전에 할 수 없는 일을 할 수 없다고 얘기하고, 힘들면 힘들다 털어놓고, 슬프면 울 수 있어야 한다. 진정한 강인함이란 모든 것을 다 해낼 때가 아니라, 나를 있는 그대로 표현할 수 있을 때 발산된다. "지금 지고 가는 짐이 너무 무거워. 더 이상 짊어지지 않겠어. 다 내려놓고 내 뜻대로 한번 해보겠어"라는 자세가 필요하다.

직장 생활도 마찬가지다. 성격이 안 좋은 상사 밑에서 묵묵히 일하다 도저히 못 해먹겠다는 생각으로 회사를 그만둔다면 '견뎌냄'을 포기하는 것이다. '견딘다'는 것은 '참을성의 화신'처럼 아무 말 없이 꾹꾹 참으며,

착실히 지기만 하는 것이 아니다. 자신의 목숨을 건지기 위해 죽기 전에 눈밭에 쓰러지는 러시아 군인처럼, 에너지를 보전하기 위해 쓰러질 줄도 알아야 한다. 힘들고 괴로운데 굳이 버티고 버티다 죽어버릴 필요는 없다. 상사와의 인간관계가 힘들면 울기도 하고, 다른 동료들과 소위 뒷담화도 하고, 사내 건의함에 더 나은 관계를 위한 제안도 해야 한다. 나는 힘들지 않은 양, 짊어진 짐이 무겁지 않은 양 묵묵히 견디기만 하는 것은 별로 좋은 방법이 아니다.

실제로 견디기를 포기하고 '행동화(acting out)'하는 사람들도 있다. 그들은 "이제 더 이상은 내가 못 참아. 동료와 후배들을 위해서라도 계속 참아서는 안 돼"라고 소리치며, 상사나 회사에 제대로 한마디를 시원하게 내지른다. 그런 말을 던지고 나면 그들이 곧 회사에서 잘릴 것 같지만, 신기하게도 그들은 회사를 잘 다닌다.

오히려 아무 말 없이 얌전히 지내던 사람이 난데없이 사표를 내고 사라지거나, 무능하지만 묵묵히 일하던 사람이 구조 조정의 칼날을 피하지 못하는 경우가 더 많다. 할 말은 하는 용기 없이 묵묵히 눈밭을 걷는 사람은 지침과 무능함이라는 눈보라 앞에서 더는 전진하지 못하고 눈을 감게 된다.

피하는 것은 해결 방법이 아니다

사회생활을 하면서 인간관계 때문에 특히 괴로울 때는, 이 관계가 자신이 능력을 발휘하는 데 영향을 미칠 때일 것이다. 다음의 예는 이러한 관계에서 선입견을 조심해야 하는 이유를 잘 보여준다.

프로게이머 A선수는 유독 다른 팀의 B선수에게 약했다. A선수는 팀의 에이스로 다른 팀에서는 기피 대상 1호였다. 대부분의 선수들이 A선수를 만나기를 꺼리지만, 정작 A선수는 B선수만 만나면 평소의 기량을 펼쳐보지도 못하고 패하고 말았다. 처음 한두 번 질 때는 우연이겠거니 했지만, 전적이 6전 전패로 접어들자, 팀 내에서 상황을 심각하게 받아들이기 시작했다. 언론에서는 B선수가 A선수의 천적이라고 떠들어댔다.

일곱 번째 경기는 황금시간대에 TV로 중계되는 빅매치였다. A선수는 이번 경기에서 반드시 B선수를 이기기 위해 자신의 모든 경기를 분석하고 연구했으며, 상대 선수의 장단점을 완벽하게 파악했다. 유닛의 움직임, 작전, 타이밍까지 꼼꼼하게 분석하고 준비했기 때문에 지려야 질 수 없는 경기였다. 그런데 시작한 지 5분 만에 A선수의 경기가 꼬이기 시작했다. 경기를 지켜보는 관중도 방송 해설가도 A선수의 이해할 수 없는 경기 방식에 실망을 금하지 못했다. 결국 경기는 12분 만에 A선수의 일방적 패배로 끝이 났다.

경기 후 A선수를 만나 면담을 했는데, 그가 한 이야기 하나가 계속 내 머릿속을 맴돌았다. "경기 5분 전후로 해서 내가 이렇게 하면 B선수가 정말 내가 예상한 대로 반응할까 하는 의심이 들었어요. 그 후로 어떻게 경기를 해야 할지 갈피를 잡을 수 없었고 집중력이 급격히 떨어졌어요." A선수는 준비 단계부터 시작해서 경기 도중에도 자신의 경기를 한 것이 아니었다. 상대방을 너무 의식한 나머지, 자신의 장점을 발휘하지 못하고 B선수의 페이스에 말려버린 것이다.

그 후 A선수와 더 깊은 이야기를 나누다 의외의 말을 들었다. 그는 연습생 시절 어떤 이름 모를 선수와 PC방에서 만나 같이 게임을 하고는 했다. A선수는 그때 뭐라고 명확히 설명할 수 없는 껄끄러움을 느꼈다. 그런데 B

선수가 이 이름 모를 선수와 게임 스타일이 비슷했고, 그때의 껄끄러운 느낌도 고스란히 되살아났다. A선수는 그 느낌이 떠오를 때마다 아예 생각을 안 하려고 외면하고 마음속 깊이 묻어버린 것이다.

말하자면 A선수는 아무 근거도 없는 선입견 때문에 B선수에 대해 제대로 알려고 들지 않았고 그 결과 경기에서 진 것이다. A선수처럼 우리도 싫어하는 사람과의 관계에서 그의 실제 반응이나 행동보다는, 내 선입견이나 오해 탓에 그저 피하기만 하는 것은 아닐까.

대인 관계가 힘들다고 진료실을 찾아오는 사람들은 대부분이 순수하고 솔직하며 마음이 여리다. 그래서인지 사회생활을 하면서 지나치게 현실적으로 자기 이득만을 챙기거나 남 탓을 하는 상대방 때문에 힘들어한다.

그럴 때는 이렇게 생각해보자. 우리가 사회생활을 하면서 그런 사람들과 관계를 맺거나 맞춰주는 이유는, 일이 진행되게 하기 위해서다. 내가 그저 출세에 눈이 어두워 아부하는 비겁한 사람이어서가 아니다. 또 내가 아무이유 없이 트집을 잡히는 이유는, 일을 못해서가 아니라 상대방이 형편없는 사람이기 때문이다.

나이가 들어갈수록 대인 관계에서 무조건적 예스나 근거 없는 선입견을 피하고, 나와 상대방에 대한 현실적인 해석만을 받아들여야 한다. 그럼으로써 그 관계를 내 필요와 목적에 응용하는 보다 능동적인 낙타가 되어야 한다. 상대방의 요구에 긍정적으로 '예스'라고 반응하는 것은 바람직한 일이다. 다만 예스라고 하더라도 자신의 판단과 대안을 고려한 예스여야 한다는 점은 꼭 기억하자.

이게 화병일까

•

얼마 전 모르는 번호로 전화가 왔다. 평소에는 이런 전화를 잘 받지 않는데 직감적으로 받아야 할 것 같은 느낌이 들어 통화 버튼을 눌렀다. 어느 여성의 목소리가 들려왔다. 어색함이 역력한 음성으로 자신을 내 고등학교 동창 누구라고 소개했는데, 기억이 가물가물했다. 그녀는 전화기 너머로 갑자기 숨 쉬기가 곤란하고, 가슴이 뛰고, 이러다 곧 죽을 것 같아서 병원도 가봤다고 말문을 열었다. 온갖 검사를 했는데도 특별한 이상을 발견할 수 없어서 정신과 진료를 권유받고 내 연락처를 수소문해 전화를 한 것이다. 하여간 듣자 하니 정식 진료는 부담스럽고 그냥 이야기나 좀 했으면 좋겠다는 생각인 것 같았다.

병원 커피숍에서 만나 이야기를 들어봤다. 동창은 20대 초반에 대학을 다니던 중에 지금의 남편을 만났고, 결혼 후에는 열심히 일하던 디자인 회사를 그만두고 집에서 살림을 했다고 한다. 남편은 인물이 좋고 대기업에 다니며 회사에서도 능력을 인정받는 나무랄 데 없는 사람이다. 남편의 형은 변호사인데, 시어머니는 툭하면 형과 남편을 비교한다. 심지어는 자신과 역시 변호사인 형님을 비교하면서 차별 대우하고, 두 집의 아이들도 예외가 아니다. 이런 형편이니 시어머니 말 한마디 한마디가 늘 자신을 비난하는 것 같아서 힘들어 견딜 수가 없다고 했다.

견딜 수 없을 만큼 힘들 때 필요한 자세

동창은 남편과는 아무 문제가 없지만 더는 힘들어서 안 되겠다며 이혼을 결심했다. 그런데 막내아들이 대학 입시를 앞두고 있어서 1년을 더 버틸 수밖에 없는 상황이다. 그 생각만 하면 가슴이 답답해지고 숨이 막히는 것 같다고 했다. 곰곰이 생각해보면 시어머니 말이 그리 틀린 것 같지 않다는 자괴감에 딱히 반박하지도 못했다. '형님은 정말 잘난 것 같고 나는 상대적으로 못났으니 그런 대접을 받는 거야. 내가 못난 만큼 어머님께 조금 더 잘 해야 하는 걸까?' 동창은 이렇게 생각하며 꾹 참고 모든 것을 다 맞춰왔다. 상황이 이런데도 남편은 시어머니와 자기 사이에서 이러지도 저러지도 못하고 중립만 지키려 한다. 이런 이야기를 누구에게 털어놓기는 너무도 자존심이 상하고, 그렇다고 아무나 붙잡고 이야기하자니 위로도 못 받을 것 같아서 체면 불구하고 나를 찾아온 것이다.

만약 내가 이 동창을 진료실에서 만났다면, 이야기를 조금 더 들어보고 남편과의 관계나 동창의 상태를 확인해보는 단계를 거쳤을 것이다. 그러나 그녀가 정식 진료를 원하는 것 같지는 않아서, 문득 떠오른 '견뎌냄'이라는 말을 들어 조언을 건넸다. 그것은 흔히 사람들이 생각하는 '완벽한' 견뎌냄(시어머니가 뭐라 하든 다 받아들이고 참으며, 아무 일 없다는 듯이 다 '내 탓이요'로 생각하고 묵묵히 지내는)이 아니다. 힘들면 남편 바가지도 긁고, 친구들 만나서 시어머니 험담도 하고, 가끔 몸살이 나면 남편 아침밥도 차려주지 않는 그런 '러시아 병사'의 견뎌냄이다. 이 한 번의 짧은 상담 이후 동창에게서 다시는 연락이 오지 않았다.

그러다 한 1년쯤 뒤 등산길에서 우연히 그 동창 부부를 보았다. 직접 마주친 것은 아니고, 저 멀리 약수터 앞에서 새벽부터 남편을 타박하는 카랑카랑한 동창의 목소리와 기죽은 듯 마눌님의 어명을 받드는 어리숙한 남편의 대화를 들은 것이다. "왜, 또 어머님 가져다 드리게? 난 무거워서 못 들어. 당신이 들든지 말든지." "알았어, 내가 들게…." 물통인지 석유통인지 알 수 없는 색 바랜 파란 통은, 인생을 달관한 40대 중반의 남편의 모습과 많이도 닮아 있었다.

쓰러져도 괜찮다

정신과 질환 중에서 유일하게 한국에만 존재하는 병이 있다. 바로 '화병'이다. '화병'의 정의는 더 눈에 띈다. "몸의 열기, 목과 가슴의 덩어리, 가슴 답답함, 가슴 속 치밀어 오름 등의 신체 증상과 우울, 비관, 불안 등의 정신 증상…, 남편과 시부모와의 관계로부터 야기되는 고통스런 결혼생활, 가난과 고생, 사회적 좌절… 등이 원인이 된다." 시부모와 며느리 사이의 갈등은 우리나라 문화 관련 정신 질환 증후군으로 등록될 정도로 심각한 수준이다.

결혼하면 '장님 3년, 귀머거리 3년, 벙어리 3년'으로 지내라는 옛말도 있다. 그러나 이제는 무조건 참아야 한다는 말이 결혼 생활, 특히 시어머니와 현대 며느리 사이에서 관계를 개선하는 해결 방법이 될 수 없다. 불만과 괴로움은 공공연히 이야기되어야 한다. 특별한 해결책이 없더라도, 남편이 들어주는 것만으로도 치유가 될 수 있다. "힘들고 속상한 것 알고 있어. 내가 당신 입장이라도 힘들 것 같아"라는 말 한마디가 더해진다면 아내는 그 말을 위로 삼아 버텨낼 수 있다. 그 갈등 상황에서 누구 편을 들어 해결하라는 것이 아니라, 배우자의 힘든 상황을 이해하고 있다고 표현하는 것만으로도 좋은 해결책이 될 수 있다는 말이다. 실제로 정신과 치료에서 시행하는 방법도 배우자나 시부모가 들어주지 않는 것을 의사가 대신 들어주는 것이라 할 수 있다.

내 동창은 변했다. 얼핏 보면 못되게 변한 것일 수도 있다. 남편을 사랑하기는커녕 구박하는 것으로 보일 수도 있다. 그러나 이 역시 사랑이 아닐까. 아직도 지고지순하고 고귀한 사랑을 꿈꾸고 있다면, 남편이나 시어머니 때문에 날이 갈수록 늘어나는 스트레스를 견디지 못했을 것이다. 그녀는 묵묵히 견디다 죽어버리기 전에 쓰러진 것이다. 즉 순종적인 아내이자 며느리라는 고귀한 모습을 포기하고(쓰러짐), 당당하고 어찌 보면 당돌하기까지 한 아내이자 며느리로 변모한 것이다. 이것은 사랑의 죽음(남편과의 이혼이나 상호 간의 포기함)을 맞이하기 전에 눈밭에 쓰러져 지친 마음을 달래고 있는 것이라 할 수 있다. 무조건 참고 인내하는 것이 미덕은 아니라는 점을 기억하자.

다른 사람이 하는 일을
그냥 지켜보기 불안하더라도

•

능력 있고 매너 좋고 성공이라는 수식어를 붙여도 어색하지 않은 사람들 중에, 아랫사람이나 자녀에게 실망해서 진료실을 찾는 사람들이 있다. 특히 부모가 자녀에게 실망했다고 털어놓는 이야기를 들으면 참 속상하고 안타깝다.

"어려서는 진짜 똑똑하고 말도 잘 들었어요. 집안에서도 기대가 컸죠. 저희 부부는 내심 아들이 지금 제가 경영하는 회사의 대표를 이어받으리라 기대했죠. 바쁜 와중에도 주말에는 꼭 아들과 시간을 보내려고 갖은 노력을 했어요. 아이가 어떻게 느꼈을지 모르지만, 나름대로는 제 삶의 큰 부분을 희생해서 아이에게 많은 사랑을 주었다고 생각했습니다.

그런데 아들이 중학교 들어가더니 갑자기 프로게이머가 되겠다고 하는 거예요. 또 몇 달 안 돼서는 연예 기획사에 들어가서 배우가 되고 싶다더군요. 그래도 본인이

하고 싶은 것이니까 최고로 좋은 컴퓨터 시스템을 설치해줬어요. 하려면 제대로 하라고요. 또 지인들을 통해서 몇몇 유명 연예 기획사에 오디션을 볼 수 있는 기회도 마련했습니다.

하지만 게임도 그렇고 연기도 그렇고 열심히 하면 좋은 성적이 나올 수 있을 것 같다는 원론적인 이야기만 들었지, 소질이 뛰어나다는 이야기는 듣지 못했어요. 그러면 자기가 노력이라도 해야 할 텐데, 아무것도 안 하고 집에서 스마트폰만 붙잡고 있네요. 더 이상 제가 무엇을 해주어야 하죠?"

이번에는 아들의 말을 들어보자.

"기대에 찬 부모님의 눈빛을 보면 몸이 굳어지는 것 같아요. 그 기분 아세요? 저는 어려서부터 뭐든 잘해야 하고, 못해도 괜찮다고 하지만 왠지 큰 죄인이 되는 느낌이었어요. 기대는 안 하니까 너 하고 싶은 대로 하라고 말은 하면서도, 내가 조금이라도 실패의 길로 들어서려고 하면 너무 불안해하는 눈빛으로 나를 쳐다보죠. 내가 생각하기도 전에 이런저런 방법들을 나에게 제안해요.

그래서 내가 며칠 생각을 해보려고 하고 있으면 '왜 노력을 안 하느냐, 왜 아무것도 안 하느냐, 엄마의 성공 비

결은 노력이다, 아빠의 성공 비결은 계획이다'라면서 부
담을 주는 거예요."

우리가 타인에게 실망하는 진짜 이유

자녀에게 실망했다며 진료실을 찾는 부모들에게 이런 말
을 해주고 싶다. "사랑이란 때로는 긍정적인 단어와 어울
리지 않을 때도 있다."

부모 세대는 치밀하게 계획하고 노력해서 성공을 거두
었다. 따라서 그들의 심리 안에는 노력, 열심, 희망, 성공
이라는 긍정적이고 에너지 넘치는 단어들이 밀접하게 관
계를 형성하고 있다. 이들은 자신이 성공을 이뤄냈고, 그
성공을 자녀에게는 '사랑'이라는 의미를 보태어 넘겨주
려 한다. 이때 많은 부모들이 '배신'이라는 그림자를 보
지 못한다. 기대감을 머금은 사랑의 빛은 눈이 부시도록
밝아져 배신이라는 그림자를 더욱 선명하게 만든다. 배
신이란 내 사랑이 제대로 전달되지 못할 때 느끼는 서운
함이다.

이럴 때 나는 흔히 진료실에서 부모와 아이들에게 '하

숙집' 계약을 맺게 한다. 오늘부터 아이는 외국에서 한국에 유학 온 학생이고, 부모는 그 아이에게 방과 식사, 하숙집 규약을 제공하는 '하숙집 주인'이다. 아이가 아침에 밥을 먹으려면 하숙집 식사 시간에 맞춰 일어나고 준비를 해야 밥을 먹을 수 있다. 하숙집은 전기를 아끼기 위해 밤 12시 이후에는 불을 끈다. 중간에 무엇을 하든 자유지만 규칙을 어기면 하숙집에서 나가야 한다.

하숙집 계약을 맺으면 신기하게도 부모와 아이의 관계가 많이 좋아진다. 부모 입장에서는 '내 자식'이라는 집착이 줄어들고, 자녀 입장에서는 간섭을 안 당하니 둘 사이의 감정싸움이 일단 드물어지는 것이다. 몇 주 뒤에 진료실에서 다시 상담을 해보면, 확실히 부모와 자녀가 다투는 일이 줄었다고 말한다. 갈등이 줄어들면 부모와 자녀 사이에 깊었던 감정의 골이 메워지고, 서로를 긍정적인 눈으로 바라보게 되는 계기가 마련될 수 있다.

꼭 성공한 사람뿐 아니라 평범한 우리도 중년에 이르면 관심이 자녀와 동료, 후배들에게로 향한다. 능력이나 경제력으로 볼 때 이들은 우리의 도움이 필요할 때가 많기 때문에, 우리는 주로 베풀고 그들은 주로 받는 관계가 형성된다. 그들이 물질적이건 정신적이건 어떤 보답을 해줄 거라고 바라기 때문에 베푸는 것이 아니다. 그저 그들이 잘되면 행복하고, 그들도 자신의 행복을 아랫사람에게 베푸는 모습을 볼 때 그것이야말로 우리의 베풂에 대한 작은 보답이라고 생각한다.

하지만 우리의 마음이 제대로 전달되지 못하면 배신감을 느낀다. 자녀나 후배들의 마음가짐이 어떻고 능력이 어떠하든 우리가 베푸는 것을 그들이 받지 않으면 섭섭하고, 받았어도 제대로 소화하지 못하면 섭섭하다. 우리한테 받은 것을 아랫사람이 아니라 거꾸로 윗사람에게 전달해도 서운한 마음이 든다.

이럴 때 성공한 사람들은 더 섭섭함을 느낄 수 있다. 자신이 다져놓은 확고한 '성공'의 길을 자녀나 후배에게 알려줘도, 그들이 그 길로 들어서서 자신이 예측한 만큼 성공하지 못했거나 혹은 노력하지 않기 때문이다. 자신은 이미 그 길을 걸어왔기 때문에, 그들이 잘못된 방향으로 가고 있는 것이 뻔히 보인다. 그러니 그들의 모습을 보면 답답하고 불안해진다. 성공한 사람들은 어쩌면 자신의 불안감을 해소하기 위해 상대방에게 미리 이런저런 힌트를 주고 방향을 제시하는 것일지 모른다. 그러면서

상대방도 자신에게 보답하는 뜻으로 성공한 모습을 보여
달라고 은근히 요구하는 것이다.

과거로부터의 관계나 이득은 잊자

이런 경우 오히려 '포기한 사랑'이 돋보일 수 있다. 자신
의 선입견이나 예정된 각본대로가 아니라, 자녀나 후배
가 자신만의 방식으로 성공하는 과정을 지켜봐주는 것
이다. 말 그대로 순수하게 바라만 볼 수 있는 마음가짐이
필요하다. '간절히' 원한다는 수식어도 붙지 않으면 더
좋을 것이다.

이때 '사랑을 하려면 어린아이처럼 하라'는 니체의 말
을 적용해보면 적절할 것이다. 내가 상대방에게 베푼 만
큼 받기를 바라는 사랑, 또한 어느 한 사람이 사랑과 기
쁨의 강약을 일방적으로 조절하는 사랑은 사랑이 아니
다. 어린아이처럼 하는 사랑이란 있는 그대로의 자연스
러운 사랑을 말한다. 과거에 맺어온 관계나 거기서 얻게
될 이득은 모두 잊고, 늘 지금의 관계에서부터 다시 시작
하는 것이다. 그것은 최초의 움직임이며 부정이 없는 긍

정이다. 이를테면 과거의 나를 포기하고 순수함을 되찾을 때 어린아이처럼 사랑할 수 있을 것이다.

자녀에게 뭔가를 해주려 하지 말고 묵묵히 지켜보라는 말은, 아무런 이해관계가 없는 남이라면 어렵지 않겠지만 부모에게는 정말 쉽지 않은 제안이다. 이럴 때는 오히려 '포기'라는 다소 부정적이고 허무한 말이 부모들에게 더 현실적으로 와닿을 것 같다. 사랑이라는 긍정의 말이 포기라는 부정의 말과 짝을 이루었을 때, 어쩌면 과한 사랑에서 비롯된 긴장을 해소해줄 수 있을지 모른다.

내 가치관이 잘못된 것일까

●

30세의 한 대학원생이 진료실을 찾아왔다. 명문대에 재학 중인 그는 2년 전까지만 해도 전공과목에 흥미가 많아 열의를 가지고 연구에 매진하며 지내왔다고 한다. 그런데 1년 전 갑작스런 이혼으로 충격을 받고 가치관의 혼란으로 어려움을 겪고 있었다. 원인은 아내의 외도였다. 아내는 몰래 자신의 친구를 만나고 있었고, 급기야 헤어져달라고 요구했다. 그는 매달려도 보고 협박도 해봤지만 아내의 마음을 돌릴 수 없었다.

사건은 고향 친구가 서울에서 갑자기 실직을 하게 되어 두어 달만 신세를 지자고 했는데, 그가 아내의 반대에도 불구하고 작은 방 하나를 내주면서 시작되었다. 수업에 논문 준비까지 바빴던 그는 아내와 많은 시간을 보낼 수 없었고, 믿었던 친구인 만큼 아내와 이야기도 나누고 편하게 지내라고 한 것이 크나큰 착오였다. 아내와 친구가 불륜에 빠지는 설마하는 상황이 벌어진 것이다. 그는 결국 이혼을 할 수밖에 없었고, 자신은 혼자 외로이 남았다. 이제 전부인이 된 아내는 그 친구와 아무 문제없이 행복하게 잘 살고 있다고 한다.

"제가 지금까지 알아왔고 믿어왔던 도덕과 정의에 따르면 그 여자는 행복하게 살면 안 돼요. 그런데 그 여자는 저를 떠난 이후에도 보란 듯이 행복하게 잘살고 있어요. 하루아침에 그런 비도덕적 상황을 당한 저는 불행하고요.

이제는 나쁘게 살아야겠다는 생각마저 들고, 여태까지 제가 가지고 있던 도덕관념과 삶의 가치관이 송두리째 흔들리고 있어요. 억울하고 외로운 것은 이제 견딜 만한데, 더 큰 문제는 제 도덕관념과 가치관이 흔들린다는 거예요.

어려운 사람은 도와야 한다고 배웠고 그래야 한다고 생각했는데, 오히려 평소 그런 생각 때문에 이런 일이 생긴 것 같아요. 이제부터는 남한테 친절을 베풀지도 도와주지도 말아야지 생각하다가도 양심의 가책이 들어서 마음이 불편하고…. 그래서 마음을 고쳐먹었다가도 내가 손해 볼 것 같은 생각에 괴로워서… 이러지도 저러지도 못하고 있어요."

바뀌는 것과 바뀌지 않는 것

이 대학원생에게는 과거의 가치관대로 살라고 해야 할지, 가치관을 바꾸라고 해야 할지 솔직히 망설여진다. 어떤 진단을 내리기 전에, 먼저 그가 최근 몇 년 사이 당한 안 좋은 일에서 조금 멀리 떨어져 상황을 살펴봐야 할 것이다. 그의 가치관이나 삶의 방식은 과거의 수많은 경험과 관계를 바탕으로 아주 오래전부터 형성된 것이다. 그러므로 그가 남을 돕는 것이 옳다고 생각하고 어려운 사람에게 연민의 정을 느끼는 가치관의 큰 틀을 바꾸려면, 과거의 가치관이 형성된 시간만큼 세월이 흘러야 가능할지 모른다.

어쩌면 이 대학원생은 가치관의 큰 틀을 바꿀 것이 아니라, 그 틀의 재료나 좀 더 세부적인 사항을 바꿔야 할 수도 있다. 예컨대 물이나 음료를 담는 그릇을 컵이라 한다. 컵에는 종이컵, 도자기 컵, 유리컵, 플라스틱 컵 등 종류가 다양하다. 그러나 물이나 음료를 담는다는 근본 개념은 변하지 않는다. 다만 대학 캠퍼스에서 마시는 커피를 생각하면 종이컵이 떠오르고, 근사한 레스토랑에서 마시는 주스를 생각하면 크리스털 컵이 떠오르기 십상이다. 20대는 아무래도 직장에서 자주 자판기 커피를 마시기 때문에 종이컵이 친숙할 것이고, 40대라면 크리스털 컵이나 와인 잔이 더 직관적으로 떠오를 것이다. 그러나 20대든 40대든, 목이 마를 때 음료를 마실 수 있게 해주는 그릇이라고 하면 누구든지 그냥 '컵'을 생각한다.

가치관 역시 그 근본적인 개념은 변하지 않지만, 그것을 형성하는 재질은 가변적일 수 있다. 대학원생은 아내나 친구에게 잘해준 '행동'에서 쓰라림을 맛보았기 때문에, 앞으로 다른 사람에게는 잘해주는 '형식(재질)'이 바뀔 것이다. 서울에서 갑자기 오갈 데 없는 고향 친구를 무작정 집에 데리고 오는 것이 어려운 사람을 돕는 방법은 아니라는 사실을 깨달았기 때문이다. 그러나 어려움에 처한 사람을 돕겠다는 생각에는 변함이 없을 것이다. 수해를 입은 사람들을 위해 성금을 낸다거나 갑자기 힘들어진 친구에게 몰래 돈을 보내기는 하겠지만, 그를 집으로 데리고 와서 지내는 일은 당연히 없을 것이다. 말하자면 20대 때의 종이컵이 40대가 되어 크리스털 컵으로 변하는 것이다.

당신이 틀린 게 아니다

그런가 하면 요즘 20대 후반에서 30대 초반의 팀원들과 일하는 40대의 팀장들도 가치관의 혼란을 느끼는 경우가 많다고 한다. 그들도 자기보다 윗사람이 소위 '꼰대'처럼 구는 것을 보고 '나는 저러지 말아야지' 생각하며 무척 노력을 한다. 그러나 무심결에 '요즘 젊은 친구들은 예의가 없다'는 말이 입 밖으로 나오는 순간 자신도 꼰대가 되기 때문에, 아무리 후배들이 사회생활의 기본적인 예의조차 갖추지 않은 행동을 한다 해도 속으로만 끙끙 앓고 직접 말하기 힘들어 한다.

간만에 팀원들의 사기를 북돋아주려고 저녁이라도 같이 먹자는 얘기를 꺼내면 바로 옛날 사람 취급을 한다. 자신이 일하는 방식에 대해 조금이라도 이야기를 하려고 하면, '나 때는 말이야…'라며 일장 연설을 늘어놓는 구태의연한 사고방식에 사로잡힌 사람으로 몰고 간다. 이처럼 가치관의 세대 차이는 자꾸만 내 가치관이 '틀렸다'는 신호를 보낸다.

처음 한두 번이야 팀원들의 과민한 반응이겠거니, 특별한 이유 없는 저항이겠거니 생각할 수 있다. 그러나 이런 일을 자꾸 겪다 보면 내 가치관이 틀린 게 아닐까 하는 의구심이 들면서 팀원들 대하기가 점점 어려워진다. 자존감이 바닥에 떨어지면서 비굴함을 느끼고, 비굴한 내 모습을 숨기기 위해 가끔은 이유 없이 후배들에게 짜증도 내고 화도 낸다. 그런 내 모습을 보며 팀원들은 나를 어려워하고, 서로 간의 거리는 더욱 벌어진다.

그러면 내 가치관을 바꿔야 할까? 나에게 필요한 것은 무엇일까? 그럴 때는 내가 틀렸을지 모른다고 가정할 게 아니라, 나와 그들의 '다른 점이 무엇인지' 관찰해야 한다. 그러한 관찰을 통해 나와 그들의 표현 방식이 다르다는 것을 알 수 있을 것이다. 즉 언어와 표현 방식이 다를 뿐이지 근본적인 차이가 있는 것은 아니다.

과거에는 사회생활을 하면서 자신의 감정을 이야기할 때 간접적인 방식으로 표현했다면, 요즘 젊은 팀원들은 직접적으로 의사 표현을 한다. 부당함이나 섭섭함을 표현하는 것이 잘못된 것은 아니다. 과거에는 "오늘 회식 있으니 모두 참석하세요"라고 말하면 "할아버지 제사가 있어서…"라거나 "장모님 생신이어서…"라고 둘러대며 참석하기 어렵다는 이야기를 대신했다. 요즘 젊은 팀원들은 "참석하기 어렵습니다"라거나 "오늘은 컨디션이 별로 좋지 않습니다"라면서 솔직하게 의견을 이야기한다.

예나 지금이나 회사에서 나이 많은 직장 상사와 함께 식사하는 자리는 여전히 불편하고 힘들다. 차라리 혼자 조용히 저녁을 먹거나 가족들과 시간을 보내고 싶은 마음은 누구나 똑같다. 팀을 책임지고 있는 사람이 팀의 사기를 올린다는 핑계 하에 팀원들과 술 한잔하는 것으로, 자신은 이렇게까지 팀을 위해 노력하고 있다는 사실을 팀원들에게 과시하고 자신은 위안을 얻으려는 것 역시 예나 지금이나 마찬가지다. 단지 과거와 지금의 차이점은 위안을 얻으려는 팀장의 시도가 간접적으로 거부당하느냐 직접적으로 거부당하느냐에 있을 뿐이다. 내 가치관이 틀리기 때문에 거부당하는 게 아니라는 말이다.

앞서 이야기한 대학원생이나 40대 팀장처럼, 많은 이들이 살아가면서 억울한 일을 수없이 겪고 무시당한다는 느낌에 시달린다. 그래서 가치관이 흔들리는 것 같은 기분을 느끼기도 한다. 그러나 사실은 가치관이 흔들리는 변화를 겪었다기보다 내 가치관의 큰 틀을 이루는 재질이나 포장의 변화를 느꼈을 확률이 더 높다. 앞서도 말했듯이 한 사람의 가치관이나 삶의 방식은 수많은 과거 경험과의 관계 속에서 더 오래전부터 형성된 것이다. 그래서 젊은 시절의 경험이 그 어느 것보다 중요하다고들 말하기도 한다.

나이 들어 근본을 바꾸는 것은 무척이나 힘든 일이다. 실제로 정신과 치료에서도 나이가 많을수록 근본을 바꾸는 분석 치료를 권하는 경우는 드물다. 오히려 자기가 가지고 있는 능력 중에 쓸모 있는 것을 더욱 강화시켜 적응하게 만드는 치료가 더 많이 권장된다.

중년의 한복판에서 자신이 이제껏 정말 잘 살아왔다고 생각하는 사람도 드물지만, 이제까지의 내 삶과 나 자신을 송두리째 바꾸고 싶다고 생각하기도 쉽지는 않다. 우리에게 필요한 것은 현실적인 대안이다. 40여 년에 걸쳐 형성된 자신의 근본을, 변화하는 시대와 환경에 어울리게 그 포장과 재질을 적극적으로 바꿔보는 것은 어떨까.

나는 능력이 모자란 게 아닐까

●

코로나19가 전 세계를 휩쓸면서 자의 반 타의 반으로 대면 관계를 맺기가 더 어려워졌다. 학생들은 학교에 나가 선생님의 수업을 듣는 대신 집에서 온라인으로 수업을 받았다. 회사들은 재택근무를 늘리고, 동료들끼리 얼굴을 맞대고 일하는 시간이 줄었다. 점심시간에는 옹기종기 모여 앉는 대신, 한 방향 혹은 칸막이 식탁에 앉아 묵묵히 식사하는 풍경이 일상이 되었다.

다른 사람의 인정과 피드백에서 존재감을 느끼던 사람들이, 그럴 기회가 사라지자 점점 우울감을 호소하고 있다. 이러한 현상을 일컫는 '코로나 블루'라는 신조어도 등장했다. 이런 가운데 혼자 있는 시간이 늘어나면서, 사람들은 자신의 존재감과 실존에 대해 고민하기 시작했다. 거기에 자신의 역할에 대한 고찰이 동반되면서 새삼 삶의 본질에 대해 생각해보는 사람들이 많아졌다.

지금 나의 존재 가치는?

실존주의는 20세기에 문학 및 철학에서 두각을 나타낸 장 폴 사르트르, 알베르 카뮈, 쇠렌 키르케고르, 니체 등을 중심으로 일어난 철학사상이다. 키르케고르는 인간은 무한한 자유의 실존적 가치를 가지고 있지만, 결국은 신앙심을 통해 신의 의지를 받아들여 자신의 본질을 추구해야 한다고 했다. 니체는 인간의 본질을 억제한 기존의 도덕을 초월하기 위해서는 최고의 실존적 가치를 가진 '초인'이 되어 자신의 본질을 스스로 만들어가야 한다고 주장했다.

실존과 본질을 설명하기 위해 가장 흔히 '의자'를 예로 든다. 의자는 사람이 앉기 위해 만들어진 것이다. 따라서 어떤 형태든 앉을 수 있고 그 목적을 위해 사용된다면 그것은 의자다. 앉는다는 목적만 있으면 의자인 것이다. 의자의 경우 본질은 실존에 앞선다. 즉 원래의 목적(본질)과 상관없이 이미 존재하는 것들(실존)이 그 목적을 실행할 수 있다. 예를 들어 나무로 된 사과 상자를 때로는 뒤집어서 의자로 사용하는 것이 이에 해당한다.

인간은 의자와 다르다. 인간의 본질은 결정된 것도 아

니고 고정된 것도 아니다. 결국 인간의 본질은 그가 어떻게 살고 있느냐에 따라 변화하고 결정된다. 아무런 형식이나 관계에 상관없이 살아 있는 그 자체인 내가 '실존'이고, 세상이 나에게 부여하는 역할과 가치를 가지고 살아가는 내가 '본질'이다.

갓 태어난 아기조차도 실존과 본질의 문제에 맞닥뜨린다. 따뜻한 엄마 배 속에서 나와 차가운 공기를 접하며 놀란 상태에서 아기는 '앙~' 하고 운다. 혹여 할머니가 옆에 계셨다면 "그놈 참 잘 생겼다. 우리 가문을 빛내줄 씩씩한 사내아이가 태어났어"라고 말할 것이다. 이때 이 아기는 이미 세상의 찬 공기를 느낌으로써 자신이 이 세상에 존재한다는 '실존'을 경험한 것이고, 그 집안의 종손이라는 사회적 역할을 부여받음으로써 '본질'의 의미를 경험한 것이다.

이렇듯 우리는 아직 사회적 관계를 시작하지도 않은 아기 때부터 아무것도 모른 채 실존과 본질의 문제를 경험한다. 그리고 성장하는 과정에서 의식적이든 무의식적이든 이 실존과 본질의 복잡한 관계 속으로 빠져든다. 내가 존재하고 나라는 존재에 역할이 부여되므로 당연히 실존과 본질이 동일 선상에 있을 것이라고 생각한다. 그러나 우리는 많은 경우에 이 당연한 과정이 뒤집히는 상황을 경험한다. 실존과 본질의 관계를 파악할 수 있는 다음의 예를 살펴보자.

오래전 TV에서 중국의 사막을 개간하는 두 모자 이야기를 다룬 다큐멘터리를 방영한 적이 있다. 중국 사막 한가운데에 나무를 심어 사막을 경작지로 바꾸려는 두 모자의 끈질긴 노력을 담은 다큐멘터리였다. 나무를 심어놓으면 하룻밤 사이 모래 폭풍에 나무가 죄다 뽑히고 날아가 다시 땅은 황무지 모래 산이 되었다. 그런데도 모자는 하루에 몇십 킬로미터씩 걸어서 물을 길어오고 나무를 심는 똑같은 일을 반복했다. 각고의 노력 끝에 모자는 작은 밭을 일궈 농작물을 재배한다. 주변의 마을 사람들은 이 모자의 노력을 가상히 여기면서도, 대부분 불가능한 일을 왜 하는지 모르겠다며 비아냥거렸다. 그러한 수모 속에서도 마침내 모자의 지속적인 노력은 마을 사람들을 변화시킨다. 모자는 사람들에게 '사막에 숲을 짓자'는 생각을 심어주었고, 결국 '사막을 숲으로 만드는' 기적을 이뤄내 나라의 표창을 받게 된다.

모자의 모습을 보고 어떤 사람들은 "저렇게 살아서 뭐해? 아무리 노력해도 한순간에 다시 사막으로 변할 테고, 나무 몇 그루 심는다 해도 내일이 오늘과 얼마나 달라지겠어?"라며 생존을 건 노력을 폄하한다. 반면 어떤 사람들은 그 노력에 감동하고 경의를 표하며 자기 삶의 원동력으로까지 승화시킨다. 이런 관점의 차이는 현재의 존재 가치를 얼마나 소중하게 생각하느냐에서 비롯한다.

후자의 경우, 일단은 내가 존재해야 하기 때문에 내일이야 어떻든 지금 사는 것에 의미를 둔다. 따라서 지금 내 존재를 방해하는 어려움이 있다면 극복해야 한다. 내일의 편함이나 안녕보다는 지금을 살아가는 가치가 더 크기 때문이다. 더 나아가 '지금 내가 존재해야' 내일도 존재할 수 있고, 계속해서 내 존재가 이어질 때 조금씩이라도 발전을 거듭해 내 삶의 가치를 드높일 수 있기 때문이다.

반면 전자는 지금의 존재 가치를 내일의 편함이나 안녕보다 상대적으로 중요하게 여기지 않는다. 따라서 지금 사느냐 죽느냐의 문제보다는 앞으로의 문제에 초점을 맞춘다. 지금의 내가 가난과 역경을 건너낸다 해도, 내일의 나라는 존재는 다시 가난과 힘든 삶을 겪을지 모른다고 부정적으로 예측하는 것이다. 그렇기 때문에 지금의 존재를 위한 노력을 하찮게 여긴다.

많은 사람이 사막에 나무를 심는 모자의 노력을 불가능하고 헛된 일이라 생각했다. 이들이 이상만 크고 현실을 직시하지 못한 채 헛된 시도를 한다고 손가락질하면서 이들의 본질적 가치를 부인했다. 그러나 자신의 존재 가치를 귀하게 여겼던 모자는 결국 사회가 자신들에게 부여한 본질의 가치를 변화시켰다. 결과적으로 엄청난 일을 이루어낸, 지고의 본질적 가치로 승화시킨 것이다. 이렇듯 내 존재감이 커지면 사회적 '본질'의 억압을 변화시킬 수 있다. 따라서 실존은 당연히 본질의 가치에 앞선다.

자기 비하의 악순환 끊기

반대로 다양한 차원에서 억압된 본질은 내 존재감(실존)을 위축시킨다. 직장에서 여러 직책을 맡고 있는 최부장의 이야기를 들어보자. 최부장은 자기 부서에서는 영업부장이고, 인사팀에서는 조사위원회 부위원장을, 노조에서는 행정팀 수장을 맡고 있었다. 올해 코로나19의 여파로 영업 이익이 반으로 줄었고, 회사에서는 경영난을 호소하며 인원 정리에 들어갔다. 최부장은 자기 부서를 위해서는 인원 감축이 이득이 되지만, 노조를 위해서는 최대한 해고를 막아야 하는 입장이었다.

최부장은 양쪽을 위해 일을 하지만 어느 한 곳에서도 위로나 칭찬을 받기는커녕, 자기밖에 모르는 부장, 무능한 노조 행정 팀장이라는 비난을 받았다. 이런 상황에서 불면증, 소화 장애, 두통, 어깨 결림, 우울감을 호소하며 진료실을 찾은 것이었다. 그는 자신의 모든 직책을 내려놓고 평사원으로 돌아가고 싶다고 했다. "나는 영업부장을 하기에는 능력이 모자란 사람인 것 같습니다. 노조 행정팀장도 정말 나한테 안 어울리는 자리인데 괜히 내가 쥐고 있는 것 같아요. 그렇지만 입사해서 천신만고 끝에 이제 겨우 부장을 달았는데, 그걸 내려놓기는 정말 억울합니다." 아내도 그가 부장 자리를 박차고 나올까 봐 노심초사한다고 했다.

사람은 살아가면서 많은 위치를 부여받는다. 동생이 태어나면 형이나 누나(혹은 오빠나 언니)라는 위치에 있게 되고, 결혼을 하면 아내와 남편이라는 위치에 놓인다. 아이를 낳으면 부모라는 위치를 갖게 되고, 회사에서는 진급할수록 그에 맞는 위치에 오른다. 이러한 위치는 한 사람에게 역할을 부여하는데, 이를 '본질적 가치'라 부른다. 자기 역할을 잘 수행했을 때는 사회의 칭찬을 받으며, 그렇지 못할 때는 그 위치에 걸맞지 않다는 사회의 비난을 받는다.

사회의 칭찬은 당연히 나를 위로하고 북돋워주지만, 사회의 비난은 불안과 자기 비하감을 조성한다. 불안에 대한 염려는 물론이고 칭찬에 대한 기대 역시 불안을 일으킨다. 지속적인 불안과 (역할 수행에 실패했을 때 따르는) 자기 비하는 본질을 억압하고, 본질의 억압은 존재감의 비하를 더 악화시킨다. 존재감이 낮아진 사람은 거기에 걸맞게 더 낮은 상태의 본질적 위치를 찾게 된다. 본질에 억압된 나는 계속해서 내 존재감(실존)을 낮추고, 낮은 존재감은 낮은 본질을 찾는다. 결국은 자기 비하의 악순환에 빠지게 되는 것이다.

최부장도 본질이 억압당하면서 자신의 실존에 대해 불안을 느낀 사례로 볼 수 있다. 나는 그에게 일단 병가를 내고 쉴 것을 권했다. 단 며칠이라도 회사나 직원들에게서 오는 연락을 일절 받지 말라고 했다. 사흘째 되는 날 최부장은 훨씬 몸이 편해지고 잠도 조금 잤다고 했다. 면담을 통해 그 자신에 대해서 곰곰이 생각해볼 시간도 가졌다. 결국 그는 영업부장직과 노조 행정 팀장직을 모두 유지하기로 했다. 다만 인원 감축 결정은 그가 하는 것이 아니라, 회사와 노조에서 그보다 더 높은 직위에 있는 사람들이 내리는 결정을 전달하는 역할만 하기로 했다. 최부장은 돌이켜 생각해보니 자신이 하지 않아도 될 고민, 즉 더 상부에서 해야 할 고민까지 하고 있었음을 깨달았다. '나는 내가 지금 있는 위치에서 내가 해야 할 역할만 수행하는 것이 맞다'는, 존재감에 대한 확실한 자각을 하게 되었다.

실존의 가치는 본질의 가치에 앞서고 더 크다. 가끔 우리는 너무나 많은 사회적 관계 때문에 생긴 본질의 문제에 파묻혀 나 자신의 존재감을 잃을 때가 있다. 이틀이든 사흘이든 잠시만 본질의 문제에서 떠나 있어보자. 그렇게 하면 내 존재감을 느낄 수 있고, 불안도 줄어들 것이다.

주체할 수 없는 화로
나도 내가 무서울 때

•

점심시간이었다. 국내 굴지의 가구회사 영업부 과장으로 일하는 친구가 사전에 예고도 없이 무턱대고 나를 찾아왔다. 오늘 아이를 야단쳤는데 고민이 생겼다는 것이다. 40대 가장이 아이를 야단치고 옥신각신하는 일상적인 문제로 나를 찾아온 것도 의아했지만, 자못 진지한 표정에 살짝 걱정이 되었다.

그의 이야기는 이랬다. 늦잠을 잔 아이가 화장실에서 졸며 양치질을 하는데, 아내가 10분밖에 안 남았으니 빨리 하라고 다그쳤다. 아내의 말을 듣고 친구는 아이에게 게으르다며 한마디 했고, 아이가 대답도 없이 양치질을 하고 있는 모습을 보자 순간 화가 치밀어 올라 아이를 나무라기 시작했다. 그런데 어느새 정신을 차리고 보니 아이에게 너무 심하게 화를 내고 있더라는 것이다. 이렇게 화를 내다가는 자신이 아이를 어떻게 할 것 같아 멈추려고 했는데 도저히 멈춰지지가 않았다. 아이는 아버지의 융단 폭격이 계속되자 날벼락이라도 맞은 표정을 짓고는 결국 눈물 콧물 범벅이 되어 학교에 갔다고 한다. 무심코 한 말 한마디가 이런 난리로 번진 것을 보고 아내도 황당한 표정을 지을 수밖에 없었다.

친구가 나를 찾아온 이유는 비단 이 일 하나 때문만은 아니었다. 회사에서도 이유 없이 직원들에게 화를 내곤 하는데, 그러고 나면 너무 심했다는 생각에 스스로도 무섭다는 마음이 든다는 것이다. 더구나 50을 바라보는 나이에 젊었을 때처럼 화가 난다고 그냥 막 질러대는 자신을 보며 한심한 생각도 들고 창피하기도 하다는 것이다. 한편으로 또 언제 이렇게 자신을 주체할 수 없게 될지 몰라 불안해했다.

화(火)의 5단계

화를 내는 표정이나 행동은 바로 나오지 않는다. 단계가 있다. 우리가 화를 낼 때를 잠시 생각해보자. 분명 '화' 그 자체보다 먼저 올라오는 감정이 있다. 예를 들면 수치심,

죄책감, 불안 같은 감정이 있다. 친구는 평소 A팀 영업 과장에게 영업 매출에서 많이 뒤처져 있었기 때문에 회의나 회식 자리에서 늘 주눅이 들어 있었다. 이것이 1단계다. 그런데 A팀 과장이 회의에서 아주 사소한 말로 심기를 건드렸다. "B팀은 우리보다 회식이 잦은 걸 보니 팀원들끼리 사이가 좋은가 봅니다." 그 말에 B팀 영업 과장인 내 친구는 이런 생각이 든다. '저 과장이 우리 팀은 일은 안하고 만날 놀기만 한다고 공식 회의에서 우리 팀을 무시하는 건가?' 이것은 분노를 유발하는 '촉발사고'의 2단계다. 그러면서 얼굴이 붉어지고 식은땀이 나서 찬물을 한잔 들이킨다. 이것은 분노로 인해 신체 변화가 일어나는 3단계다.

A팀 과장이 한술 더 떠서 "다음 야유회 때 레크리에이션은 B팀에서 맡아주면 좋겠습니다"라고 의견을 제시한다. 이 말을 들은 친구는 '내가 한마디 하지 않으면 저 사람이 우리 팀을 완전히 웃음거리로 만들겠어. 정색을 하고 한마디 해야겠어'라고 생각한다. 분노를 표출하고 싶은, 즉 행동화하고 싶은 충동이 이는데, 이것이 4단계다. 회의는 A팀 영업 실적 향상을 다 같이 축하하고, 야유회 때 B팀이 레크리에이션을 맡는다는 결정으로 끝난다. 친

구는 자리로 돌아와 애꿎은 팀원에게 키보드 두드리는 소리가 너무 크다며 버럭 화를 내는데, 이것이 마지막 5단계다. 마음속에 쌓인 분노를 행동으로 표출하는 것이다.

'화'는 가슴 한구석에서 폭발적으로 차오르는 감정과 관련된 생각으로 이루어져 있다. 사람은 대개 생각이 감정을 확장시키기보다 감정이 생각을 확장시키는 경향이 크다. 니체는 "우리는 특정한 그 무언가가 자신에게 쾌감 또는 불쾌감이라는 감정을 불러일으킨다고 굳게 믿고 있다. 그러나 실제로 그 모든 것은 자신의 사고방식의 작용에 의한 것"이라고 했다. 구조주의 언어학자 로만 야콥슨(Roman Jacobson)은, 생각이란 우리가 경험하는 고통의 수준을 설명하기 위해 발달된다고 이야기했다. 또한 사람은 과학적으로 훈련된 존재이기 때문에, 자신이 왜 괴로운지에 대한 설명을 찾고자 본능적으로 노력한다고도 말했다.

'화'라는 감정은 갑작스럽게 떠오르는 것이고, 일단 화를 내면 우선 자신부터 놀란다. 그다음 놀란 감정을 스스로 추스르느냐, 다른 사람이 추슬러줄 때까지 기다리느냐를 선택한다. 후자를 원할 때 다른 사람이 내 놀란 감정과 불안을 잘 다독여주면 모르지만, 엉뚱하게 위로하면 나를 더 잘 위로해달라는 뜻에서 더 크게 화를 낸다. 그러다 화를 멈추지 못하면 결국 충동적인 행동까지 나오게 된다. 감정적으로 고통스러울 때 그것을 멈추거나 적당히 해결하려면, 평소에 화를 달랠 수 있는 여러 가지 방법을 생각해놓고, 실제 화가 났을 때 그 생각을 꺼내보는 방법을 권한다.

화를 다스리는 방법

화를 다스리는 첫 번째 단계는 화가 난다는 것을 솔직하게 인정하는 것이다. 화가 난 것을 인정하기 어려워하는 사람들 대다수는 자신의 현재 상태를 두려워한다. 화가 나면 무슨 짓을 할지 모르고, 이런 내 모습을 다른 사람이 어떻게 생각할지 모르기 때문에 화가 났다는 사실을 인정하지 않으려 한다. 화를 내는 자신을 부끄러워하는 사람도 있다. 의연하고 여유롭게 대처하지 못한 자신을 부족하고 보잘것없는 사람으로 보기 때문에, 화가 난 것을 스스로에게 감추려 하는 것이다. 그러나 가장 중요한 것은 현재 자신의 감정 상태를 솔직하게 인정하는 것이다. 그래야 다음 단계로 나아갈 수 있다.

두 번째 단계는 화가 난 감정 상태의 저변에 깔려 있는 상처나 두려움이 무엇인지 차분히 탐색해보는 것이다. 화가 치밀어 오르던 그 순간 내 머릿속에 어떤 생각들이 스쳐 지나갔는지, 화가 폭발해서 나오는 순간 스스로 얼마나 당황했는지, 이 정도로 화를 낸 경우가 언제 또 있었는지, 무엇이 결정적으로 내 화를 폭발시켰는지에 대해 차분하게 생각해봐야 한다. 이러한 성찰과 반추를 통해 답을 찾았다면, 상처 입고 좌절하고 두려움을 느끼며 어두운 구석에 웅크리고 앉아 있는 자신을 토닥이고 위로해주어야 한다.

예를 들어 당신이 일이 서툴러 다른 사람에게 '네가 일을 못하면 다른 동료들보다 더 열심히 해야지'라는 비난을 받았다고 해보자. 이 말을 '내가 일을 못하면 다른 동료들보다 더 열심히 해야지'라고 바꾸면, 창피함과 자격지심에 화가 나기보다는 스스로 더 열심히 해야겠다는 의지를 다질 수 있는 용기의 말이 될 수 있다. 같은 말을, 열등감을 갖고 있는 사람의 경우 스스로 3인칭 시점으로 '네가 일을 못하면 다른 동료들보다 더 열심히 해야지' 이렇게 바꾼다면 자기 자신이 느끼는 창피함을 훨씬 줄

일 수 있고 따라서 마음에서 일어나는 화도 가라앉힐 수 있다.

설사 너무 화가 많이 나서 화가 난 이유를 찾지 못하고 다스리지 못한다 하더라도, 그 이유를 찾아보려고 애쓴 마음과 과정에 의미를 두어야 한다. 화를 내는 습관을 단번에 고칠 수는 없겠지만 이런 훈련을 거듭할수록 자신이나 다른 사람의 감정, 상황, 두려움을 더 잘 이해하게 되고, 마음을 풀기도 더 쉬워질 것이다.

직장 생활에서 화가 나는 경우에는 또 어떤 일들이 있을까? 예를 들어 어떤 부하 직원이 있는데 그의 행동, 말투, 버릇 등이 전부 마음에 안 들어 얼굴만 봐도 화가 나는 경우가 있다. 그 사람의 모든 면이 마음에 안 든다는 것은, 이미 내 사고가 감정에 압도되어 논리적으로 생각할 수 없는 상황에 이르렀다고 봐야 한다. 실제로 그 직원이 인성이나 행동에 문제가 있었다면, 아마 나뿐 아니라 다른 사람들도 좋지 않게 보았을 것이다.

그러나 그것이 나만의 관점이라면, 이럴 때는 상대방을 바꾸기보다는 내가 바뀌는 편이 내 마음속의 갈등을 해결하는 데 훨씬 효과적이다. 상대방으로부터 내가 받아들일 수 있는 것과 없는 것을 냉정하게 구분하고, 받아들일 수 있는 것에 대해서는 유연성을 발휘해야 한다. 또한 최소한 나에게 피해를 주는 점들은 개선을 요구할 수 있는 용기도 필요하다.

결국 화에 대해 어떤 방식으로 대응하느냐에 따라 결과는 사뭇 다르게 나타난다. 소극적이고 부정적인 방식으로 대응하면 스스로 불행해지고 건강까지 해칠 수 있다. '화'라는 감정에 대해 적극적이고 긍정적인 방식으로 접근하면, 마음의 여유를 찾고 감정을 추스르는 데 도움이 될 것이다.

덧붙여 앞서 소개한 화를 다루는 2단계는 불안을 다룰 때도 응용할 수 있다. 아무리 생각해도 불안한 이유가 떠오르지 않을 때가 있다. 그래도 두려운 '상황'이나 '사람'은 대략적으로 떠오를 것이다. 그런 대상들이 구체적으로 떠오른다면, 불편하고 무섭고 불안한 감정들을 있는 그대로 인정하는 것이 첫 번째 단계다. 그러고 나면 그 대상을 피하는 것이 좋을지, 아니면 정면 돌파하는 게 더 효과적일지 대응 방법을 생각해볼 수 있을 것이다.

또 실수할까 봐 걱정이라면

●

고백하건대 의대생 시절의 나는 공부를 못했다. 특정 시기에는 정말 심각하게 못했다. 운동도 하고 공부도 하고 여자 친구도 만나야 했기 때문이다. 당시 나는 하루에 서너 시간 자고 공부하는 친구들의 행태를 비웃으며, 4시간 운동하고 1시간 공부하는 비의대생적 생활을 하고 있었다. 내가 왜 공부를 못하고 왜 성적이 나쁜지도 모르면서 자만과 허풍이 가득 찬 세월을 보냈다.

그러다 정말 공부를 잘하는 지금의 아내를 만났다. 하루에 3시간 자고 10시간 공부하며 한 번 보면 절대 잊어버리지 않는 비상한 기억력(그 신비한 능력은 지금도 나를 많이 힘들게 하는 초능력이다…)을 가진 엑스맨 같은 여자와 사귀게 된 것이다. 2년 선배였던 나는 신분의 차이가 느껴질 정도의 성적 차이를 극복하기 위해, 공부를 해야겠다는 마음이 샘솟았다.

그래서 정말 열심히 공부했다. 그 좋아하던 운동도 뒤로 하고 오직 공부만 했다. 수많은 미팅과 소개팅의 유혹을 뿌리치고 한 여자만 만나며(진짜다) 공부했다. 열심히 공부했으니 좋은 성적이 나올 거라 기대하며 시험을 봤다. 하지만 성적은 크게 변하지 않았다. 그래서 다음 기말고사에는 더 열심히 공부했다. 같이 놀던 친구들이 너 어디 아픈 거 아니냐며 병원에 가보라고 할 정도로 열심히 공부했지만, 결과는 참혹했다. 요즘 말로 하면 '폭망'이었다.

다시 공부가 싫어지려고 했다. 그때 문득 그런 생각이 들었다. '내가 왜 공부를 못하는지 이유부터 알자.' 그래서 이전 시험에서 틀린 문제들부터 분석하기 시작했다. 이유는 간단했다. 나는 단순 암기에 약한 사람이었던 것이다. 어려서 공부를 잘했던 이유는 암기를 잘해서가 아니었는데도, 나는 여태껏 내가 암기 하나는 정말 잘하는 사람인 줄 알고 있었다.

이후 공부하는 방법을 바꿨다. 많은 양을 줄 치며 외우는 방식에서, 외운 것을 좁혀 들어가는 요점 정리 방식으로 바꿨다. 1,000페이지의 분량을 100페이지로, 100페이지의 분량을 10페이지로, 10페이지의 분량을 다시 2페이지로 줄이며, 외울 필요 없는 것은 과감히 버리는 '선택과 집중'의 방법을 택한 것이다. 비교적 늦은 나이에 공부하는 방식을 바꿨지만, 이 '선택과 집중'은 멀티태스킹이 필요한 내 직업상 지금 내 인생 전략에서 가장 핵심적인 대응 방식이라고 해도 과언이 아니다.

실수를 만회하기 위해 알아둘 것

우리는 누구나 실수를 한다. 그리고 그 실수를 만회하려 한다. 실수를 만회하는 좋은 방법이 없을까? 특히나 냉정한 프로 스포츠의 세계에서 실수에 민감한 선수들의 경우를 예로 들어보자. 중요한 경기에서 실수를 했다면 어떻게 해야 할까? 흔히 실수를 잊어버리고, 다음 동작이나 작전을 생각하는 것이 좋은 마음가짐이라고 알려져 있다. 더욱이 속상해하거나 분한 표정도 지으면 안 되는, 소위 포커페이스가 좋은 방법이라고들 한다.

그러나 정작 대부분의 선수들은 실수를 잊지 못한다. 문득문득 실수를 다시 생각하고, 또 실수할지 모른다는 불안에 휩싸인다. 그리고 그 장면이 반복해서 떠오를 때마다 실수한 자신을 자책하고 괴로워한다.

그래서 나는 면담할 때 선수들에게 조금 다른 이야기를 한다. 즉 실수를 했으면 가능한 한 짧은 시간 내에 그 실수를 처음부터 끝까지 되새기는 작업을 하라고 한다. 어떤 동작이(무엇이) 무슨 이유로(왜) 잘못되었는지 복기하고, 다음에 어떤 동작으로(어떻게) 만회하면 다시는 같은 실수를 반복하지 않을지 생각해야 한다. 아까운 시간에 실수를 후회하기보다는 자기 신념을 갖는 편이 오히려 마음을 다잡는 데 효과적이기 때문이다.

물론 분초를 다투는 기록경기에서 이런 작업을 하기는 어렵겠지만, 구기 종목처럼 중간 휴식이 잠깐이라도 있는 경우에는 가능하다. 이렇게 복기 작업 및 교정을 하는 데는 실제로 1분도 채 걸리지 않는다. 이 방법의 또 다른 장점은, 이 과정에는 오히려 자신을 탓하거나 속상해할 시간이 없다는 것이다. 감정적 소비를 할 시간에 인지적 분석을 통해서 행동을 교정하기 때문이다.

무조건 실수를 잊으려 해선 안 된다

실수를 잊으려 애쓰고 그것을 생각하지 않는 것만이 능사는 아니다. 그 실수를 '언제' 다시 생각나게 하느냐가 중요하다. 어떤 상황에서 실수를 한 뒤 그것을 잊어버리려고 의식적 '망각'의 쓰레기통에 무책임하게 마구 구겨 넣는다면, 그것은 곧 언제고 다시 터져 나올 것이다. 우리는 살아가면서 수도 없이 실수를 한다. 그 실수의 괴로움을 나도 모르는 사이 죄다 쓰레기통 속에 처박아버리는 작업을 계속한다면, 꽉 찬 쓰레기통은 넘칠 수밖에 없다.

20세기에 발견된 인간 정신의 가장 위대한 산물인 '무의식'은 정신분석학적으로나 인류학적으로 인간의 행동에 관해서 가장 많은 것을 설명해준다. 내가 의도적으로 하는 행동보다도 무의식적인 행동, 특히 실수가 더 깊은 의미를 가지고 있을지 모른다는 것이다. 평소 내 생각과 과거, 인생살이, 인간관계는 정리되지 않은 채로 의식보다 깊은 곳에, 의식적으로 꺼내지도 못할 만큼 깊은 곳에 자리 잡고 있다. 그러다 인식하지 못하는 순간, 갑작스럽게 툭하고 불거져 나온다. 나도 모르게 튀어나온 그러한 삶의 단편들은 감추고 싶고 숨기고 싶은 것들이어서 더 당황스럽고 제대로 대처하지도 못하는 것이다.

일이 많아지고 생각이 복잡해질수록 실수가 많아지는 이유가 여기에 있다. 우리는 복잡하고 생각하기 싫은 것들을 무의식 속으로 모조리 집어넣는다. 이렇게 무의식 속으로 들어간 생각들은 명절날 수거해가지 못한 쓰레기통보다 더 꽉 찬 상태로 존재한다. 이런 상태에서 큰 실수를 저질렀다면 어떻게 될까? 이 중대한 실수는 너무 큰 쓰레기여서, 안 그래도 가득 차 있는 쓰레기통에 상당한 부담을 지운다. 그리고 그 중대한 실수를 몰래 버린 사람의 의식에 '터진다, 터진다'라는 위험 신호를 계속 보낸다.

이 위험 신호는 말 그대로 상당한 주의를 기울여야 하는 신호다. 그렇기 때문에 괴로워서 잊으려고 몰래 쓰레기통에 버리려 했던 실수는 더 선명하고, 더 자주 우리의 의식 위로 떠오른다. 이렇게 우리는 실수에 묶이는 것이다.

실수에 발목을 잡히지 않으려면 어떻게 해야 할까? 실수를 의식적 '망각'의 쓰레기통에 구겨 넣는 대신, 나중에라도 이것이 쓰레기인지 아니면 나에게 교훈이 될 보물인지 따져볼 수 있게 이 실수들을 보관해둘 임시 저장

소를 마련해야 한다. 이 임시 저장소에는 나중에 찾기 쉽게 번호표와 이름표를 붙여두어야 한다. 예를 들어 '내 인생이나 일에서 10% 정도를 좌우하는 실수' '술 마시고 난 이후의 실수' '직장 상사와의 관계에서만 일어나는 실수' '아내와의 관계에서만 발생하는 실수' 등등 실수의 이름표를 붙여두는 것이다. 큰 쓰레기통에 아무렇게나 던져두지 않고 임시 저장소에 정리해두면 나중에 필요할 때 찾기 쉽다.

많은 사람이 실수로 인한 불쾌한 기억들을 나중에 되새겨보지 않고 그 자리에서 지워버리려 한다. 그 기억을 품고 자꾸 되새기면 불안하니까, 그 기억을 빨리 없애버리면 마음이 편안해지고 불안이 사라지기 때문에 그렇다. 헤겔은 '미네르바의 올빼미는 황혼녘에야 날개를 편다'고 했다. 사람과 동물은 대부분 낮에 활발하게 활동하지만, 로마신화에서 지혜의 여신으로 불리는 미네르바가 사랑한 지혜의 상징 올빼미는 황혼에 접어들어야 날개를 편다. 이는 현실에서 실제 일이나 활동이 이루어진 뒤에 철학이 상황을 정리함을 의미한다. 어떤 상황이나 문제에 즉각적으로 직접 개입하고 해결을 제시하기보다는,

시간이 흐른 뒤에 판단하고 해석하고 교정하는 것이 지혜로운 방법이다.

모든 일은 지나간 다음에 그 내용과 결과를 제대로 알게 되는 것이 당연하다. 당장은 내가 한 실수가 커 보이고 만회할 수 없을 것 같지만, 나중에 그 일이 다 마무리된 다음에야 그 중요도와 결과를 알게 되는 것이다. 그러니 중요한 상황에서 실수를 할까 봐 지레 불안해하지 말자. 실수를 걱정하면 정말로 실수에 주문을 건 격이 된다. 실수를 리허설 하는 것과 마찬가지라고나 할까. 우수한 선수와 평범한 선수의 차이는 실수를 배움으로 전환하는가 그렇지 못한가에서 비롯한다. 실수를 빨리 잊는 것만이 능사는 아니다.

할 수 있다는 말보다 중요한 것

●

90년대 후반, 컴퓨터 조립 회사의 붐을 타고 이른 나이에 비교적 사회적 명망을 얻은 40대 가장이 있다. 하지만 지금은 투자하던 모바일 컴퓨터 프로젝트가 실패하고, 무심코 친구의 보증을 서준 일이 잘못되어 경제적으로 무척 힘들어졌다. 그러자 부인과의 사이도 점점 멀어졌고, 속상함과 미안함으로 매일 술을 마시게 되었다.

일주일에 한두 번 마시던 술은 이제 거의 매일 마시다시피 했고, 술에 취해 다른 사람과 시비가 붙거나 기물 파손으로 경찰서 문턱도 몇 번 드나들었다. 아침에 일어나면 찾아오는 지나친 속 쓰림 때문에 병원을 찾았는데, 의사로부터 청천벽력 같은 진단을 받았다. 바로 위암 판정이었다. 이때 받은 쇼크와 불면, 음주의 금단 현상 등을 이유로 그는 내 진료실을 찾아왔다. 이번에는 진짜 술도 끊고 다른 사람이 되겠다며 병원에 온 것이다.

이 환자를 면담할 때 나는 우선 의사에게 맡길 것과 자신이 해야 할 일을 구분했다. 암, 알코올 의존증, 불면 등의 약물 치료는 의사에게 맡기고 성실히 따르도록 했다. 대신 금주를 유지하는 것, 암 치료 후 컴퓨터 조립 회사에 사원으로 복귀할 것, 가족들과 시간을 보낼 것 등은 자신이 할 일로 정했다.

그는 의사에게 의존하는 부분은 착실히 시행했는데, 자신이 해야 할 일은 잘 해내지 못했다. 특히 회사에 복귀하는 것이 힘들었다. 그는 이렇게 말했다. "잘나가던 회사 사장까지 했는데, 어떻게 사원으로 복귀를 합니까? 도저히 못 하겠습니다." 그래서 우리는 조금 다른 방법을 생각했다. 컴퓨터 조립 회사 말고, 작은 분식점에서 서빙이나 카운터를 보는 일을 하기로 했다. 다행히 이 일은 잘 해낼 수 있었다.

의지와 가짜 긍정

나한테는 불행한 일만 생긴다고 말하는 사람들 대부분은 이렇게 말한다. 나는 무척 열심히 살고 있는데, 내가 어떻게 해볼 수 없이 자꾸 실패한다는 것이다. 그런데 여기서 이들이 빠뜨린 부분이 있다. '과거의 실패를 만회하고자, 과거에 망쳐버린 자신의 인생을 되돌리고자'라는 부분이다. 위 사례의 남성도 이전의 실패를 만회하기 위해 무모한 시도를 했기 때문에 지속적으로 실패한 것이다. 심지어 모든 것을 내려놓은 상황에서도, 과거 자신이 떵떵거리며 사장으로 일했던 컴퓨터 업계로는 복귀하지 못했다. 업종을 바꾸고 과거와의 연결 고리를 끊고 나니, 비로소 본인의 의지대로 움직일 수 있었다.

니체는 "스스로 정의하고 스스로 가치를 정립하려는 힘과 의지가 만드는 이 최초의 폭발, 자유 의지를 향한 의지"라는 말을 했다. 여기서 니체가 이야기한 '의지'가 닿을 수 없는 곳이 바로 '과거'라 할 수 있다. 이미 지나가버린 것은 내가 어떻게 할 수 있는 것이 아니다. 과거를 생각하면 내 의지대로 어떻게 할 수 없기 때문에 화가 나는 것이다. 이때 과거를 미래로 통합해버리면 내 '의지'의 화를 돋우지 않고 앞으로 나아가는 원동력으로 만들 수 있다.

하는 일마다 안 되는 사람에게 흔히 '바닥을 쳤으니까 올라갈 일만 남았다'는 말로 위로하곤 한다. 아마도 이 말이 니체의 의지를 가장 잘 설명한 말인 것 같다. 가장 낮은 곳은 성공까지 가는 과정의 시작이고, 가장 못한 것은 가장 잘한 성공의 한 부분인 것이다. 처음 시험에 떨어져본 것이 나중에 시험에 붙기 위한 소중한 경험이라 생각해야 다시 공부를 준비할 수 있다.

여기서 중요한 포인트가 있다. 니체가 이야기한 '의지'는 '가짜 긍정'과는 다르다. 마음속 깊은 곳에서는 잘될 가능성이 낮다고 의심하면서 그것이 의식적으로 떠오르지 않게 계속 '잘될 것이다'라고 강제함으로써, 일의 해결책과 방법을 강구할 생각은 않고 수동적으로 기다리기만 하는 것이 '가짜 긍정'이다.

의지는 자신이 돌이킬 수 없는 것이다. 다시 말해 무력감을 느낄 수밖에 없는 과거를 자발적으로 긍정함으로써, 의지 자체로부터 구원되어야 한다. 이것이 긍정적인 사람들을 보고 있노라면 공통적으로 느끼는 감정인지도 모른다. 의지는 순환되는 것이 아니라 직선적으로 앞으로만 움직이기 때문에, 과거에 얽매여 뒤를 돌아본다면 소위 '의지'를 가질 수 없다.

2016년 브라질 올림픽에서 박상영 선수가 펜싱 금메달을 거머쥔 기적 같은 드라마를 기억하는가? 20여 년간 펜싱계의 교과서라 불려온 게자 임레 선수에게 마지막 점수까지 몰려, 경기를 지켜보는 누구나 여기서 끝이라고 생각하고 있었다. 종료 몇 분을 앞둔 순간 박상영 선수는 '할 수 있다'는 말을 되뇌었고, 짜릿한 역전승을 거두었다. TV를 통해 그 모습을 지켜본 우리도, 불가능할 것 같은 순간에 그 모습을 따라 하면서 비슷한 기적이 일어나기를 기대한다.

하지만 여기서 중요한 것은 '할 수 있다'는 말 뒤에 숨어 있는 '행동 계획'이다. 상대방의 움직임과 작전을 어느 정도 눈치 채고, 남은 시간 동안 이런저런 작전을 통해 상대편 선수를 끌어들이고, 내가 가장 잘하는 찌르기를 통해 점수를 얻는다는 계획 말이다. 단순하게 말로만 '난 할 수 있다, 잘 될 거다'라고 외치고 아무 생각 없이 경기를 진행했다면, 기적은 없었을 것이다.

가짜 긍정 마인드로 과거의 불행을 잊을 수 있을 것 같지만, 실제로는 그렇지 않다. 과거는 이미 지나간 일이니 지금부터라도 긍정적으로 살아야겠다고 생각하면, 그동안 노력한 본전 생각이 나서 분하고 억울하고 화만 더 커진다.

요즘은 늦은 나이에 공무원 시험을 준비하는 사람이

많다. 정말 열심히 했는데 떨어진 사람이 '이제 모든 것을 잊고 또다시 시험을 준비하자'고 생각하면, 그것은 가짜 긍정이다. 사실은 열심히 공부했는데도 떨어진 내가 한없이 무능해 보이기 때문이다. 중간에 살짝 놀고 나태하게 보낸 날들이 한없이 후회되고, 이런 생각이 머리에서 떠나지 않는 것이다.

과거를 포함한 현재와 미래의 운명 전체를 하나로 보고 그것을 사랑한다면, 내 운명을 있는 그대로 받아들일 수 있는 진정한 긍정의 힘을 가지게 된다. 예를 들어 두 번의 이별 뒤에 세 번째 사랑에서 지금의 배우자를 만난 사람이 있다고 해보자. 앞의 두 번의 사랑은 지금의 배우자를 만나기 위한 과정이지 실패가 아니다. 첫 번째 연인은 외모가 눈에 들어왔고, 두 번째 연인은 취미가 같다는 점을 중시했는데, 정작 인생을 함께하겠다고 결정할 때는 느낌이 오지 않았다. 세 번째 연인은 외모나 취향보다는 같이 있으면 편하다는 느낌이 강렬했다. 즉 앞의 두 연인과의 경험은 세 번째 연인을 만나기 위한 밑바탕이 된 것이다.

실패와 더불어 살아가기

고난을 어떻게 볼 것인가? 염세주의 철학자 쇼펜하우어는 고난과 역경에 찌든 삶에 예술이 잠시의 쉼을 제공한다고 보았다. 그러나 니체는 고난과 고통이 있기 때문에 위대한 작품이 탄생했다고 보았다. 고난의 삶 전체를 위대한 예술을 잉태하기 위한 과정의 일부로 본 것이다.

빈센트 반 고흐가 당시 유행했던 간판장이로 일하며 번 돈으로 부유하게 살 수 있었다면, 영혼을 이야기하는 그림은 빛을 보지 못했을 것이다. 고흐가 귀를 자른 이유에 대해 호사가들은 저마다 다른 이야기를 내놓는다. 다만 고흐가 당시 자주 만나던 창녀에게 자신의 귀를 신문지에 싸서 보냈다는 것은 확인된 사실이다. 가난하고 가진 것도 없고 정신 착란 증세까지 보인 자신을 진심으로 사랑해준 그녀에게, 고흐는 자신이 줄 수 있는 것은 몸의 일부밖에 없다고 생각했을 것이다.

고흐는 몸의 일부가 자신의 마음을 표현한다는 비논리적 사고에 빠져 있었다. 자신의 귀를 자르고 난 후 그린 자화상에는 사랑을 표현하고 싶은 마음 속 깊은 처절함과 사랑을 그리워하는 애잔함이 고스란히 남아 있다. 그 사건 전후로 고흐는 정신병원에 입원해 외로워했으나, 어쩌면 사랑과 사람에 대한 그리움과 외로움이 보는 이의 가슴에 와닿는 그림의 원동력이 되었던 것은 아닐까.

정신발달학적으로, 인간은 태어나 나이가 들어가면서 각 연령별로 그에 주어지는 과제(mission)를 완수해야 그다음 단계로 넘어간다. 그 과제는 생각보다 어렵고, 수차례 좌절과 실패를 거듭한 끝에 간신히 완수할 수 있다. 그 과제를 완수하지 못하면 불완전한 상태에서 다음 단계로 넘어갈 수밖에 없다. 시간은 우리를 기다려주지 않기 때문이다.

생후부터 1세까지를 일컫는 '구강기'에는 팔다리의 움직임이나 언어가 발달하지 않았기 때문에, 양육자가 먹여주는 음식으로 영양분을 섭취하고, 춥고 배고프면 그저 울음으로 의사 표현을 할 수밖에 없다. 이 시기에 해결해야 할 과제는 아주 단순한 시그널로 자신의 생존을 알리는 것이다.

입으로 음식을 먹는 과제를 완수했으면, 그다음은 배설을 할 차례다. 배설은 아기가 유일하게 부모의 행동을 조절하는 법을 배우는 단계다. 다른 사람의 행동을 자기

언젠가 날기를 배우려는 사람은 우선
서고, 걷고, 달리고, 오르고, 춤추는 것을
배워야 한다.
사람은 곧바로 날 수는 없다.
-니체

의지대로 조절할 수 있는 첫 경험을 하게 되는 것이다. 다음 단계는 아버지를 넘어서야 승리감을 맛 볼 수 있는 '남근기'다. 자신보다 훨씬 우월한 아버지를 이기고 사랑하는 어머니를 독차지하는 것은 불가능한 일이다. 그래서 아버지를 흉내내며 노력하고 도전하고 실패하는 과정에서 결국 타협점을 찾아낸다.

우리는 실패라는 단어가 내포한 의미와 느낌을 모르는 나이부터, 어쩌면 태어나면서부터 실패와 더불어 살아간다고 할 수 있다. 성경에서 이야기하는 원죄는 인간의 타고난 실패를 상징하는 것일지 모른다. 인간이 하느님처럼 위대해지고 싶어서 금지된 과일 선악과를 따 먹었으나, 인간은 위대해지기는커녕 실패(원죄)의 씨앗을 안고 태어날 운명에 갇히지 않았는가.

그러므로 니체가 말한 것처럼, 인간은 태어나고 자라면서 과거의 껍질을 벗고 늘 새로운 삶을 향해 나아가야 한다. 그것이 실패를 극복한 완전한 성공이든, 실패를 안고 가는 불완전한 성공이든, 어제보다 새로운 내일을 향해 나아가야 한다.

실수를 두려워하지 않는
사람의 비밀

●

실수할까 봐 불안해하는 사람이 많다. 자신의 실수는 남의 실수보다 더 커 보인다. 남의 눈에 있는 티끌이 커 보이는 게 아니라 내 눈의 들보가 더 커 보이는 격이다. 새로운 일을 맡았을 때나 부담이 큰 일을 맡을 때 이런 현상은 더 심해진다. 중요한 프레젠테이션이라도 앞두고 있으면 발표 내용보다는, 발표하다 실수하면 어떡하나, 망신을 당하면 얼마나 비참해질까를 고민하다 밤잠을 설치기도 한다.

나는 이것을 '사심(私心)'이라 표현하고 싶다. 쉽게 말하자면 정작 내가 해야 하는 일이 아니라, 일이 벌어지기 전후의 모든 상황에 정신을 빼앗긴 '딴 마음'이기 때문이다. 다음의 예를 살펴보자.

결정적인 순간에 필요한 것

국내 굴지의 게임회사에서 일하는 제임스 유는 젊은 나이에도 회사에서 중요한 인재로 꼽힌다. 어려서부터 워낙 게임을 좋아했기에 모두가 선망하는 대기업 입사를 마다하고 주저 없이 이 회사를 선택했다. 어릴 적 미국으로 건너가 성장한 그는 영어로 소통하는 데 막힘이 없으므로, 외국 바이어들과의 미팅이나 중요한 회의에서도 없어서는 안 될 존재다. 자기가 좋아하는 일을 하며 회사에서 인정받는 위치에 있으니, 그는 정말 즐겁게 직장생활을 할 수 있었다.

다음 주, 그는 수천억 원의 게임 수출 입찰이 걸려 있는 프레젠테이션을 앞두고 있다. 2년 전부터 제작비만 200억 원을 쏟아부으며 심혈을 기울인 게임으로 해외 진출을 모색하고 있었는데, 타 회사에서 비슷한 게임을 출시하면서 경쟁이 붙게 된 것이다.

제임스 유가 바로 이 프레젠테이션을 맡았고, 최고의 전문가들로부터 멘트는 물론 표정 하나까지 지도를 받았다. 그래도 불안은 가시지 않았고, 불면의 밤이 계속되었다. '경쟁에서 밀리면 어떻게 하지? 우리가 여기에 들인 시간과 돈이 얼마인데, 내가 실수를 해서 무산되면 그 책임을 어떻게 져야 할까?' 프레젠테이션 5분 전까지도 전전긍긍하며 그동안 연습한 내용을 잊어버릴까 봐 외우고 또 외웠다.

프레젠테이션이 시작되기 직전, 갑자기 어떤 질문 하나가 떠올랐다. '나는 이 게임이 왜 재미있을까?' 게임이 좋아서 안정적인 대기업도 마다하고 게임 회사에 온 그였다. 그는 게임을 좋아하는 사람, 게임을 직접 하는 사람의 입장에서 이 게임이 왜 재미있는지를 생각해보았다. 그랬더니 긴장이 풀리고 불안이 사라졌다. 그는 다른 사람이 만들어준 멘트나 표정을 떠올리는 대신, 순수하게 유저의 입장에서 발표했다.

결과는 5:4 간발의 차이로 제임스의 회사가 선정되었다. 심사위원장이 마지막 한 표를 제임스의 회사에 던진 것이다. 심사위원장의 의견은 간단했다. "내가 게임을 하는 유저라면 당연히 제임스 회사의 게임이 재미있을 것 같습니다. 그래픽이 어떻고, 스토리가 어떻고, 매출이 어떤지도 물론 중요하지요. 하지만 발표자의 얼굴에서 읽을 수 있는 웃음 띤 어린아이의 표정만큼 좋은 선택 기준이 또 있을지 모르겠군요. 그 게임을 신나게 즐기고 있는 표정 말입니다."

제임스는 부정적인 결과를 가정하는 예기 불안으로 능력을 충분히 발휘하지 못할 수도 있었다. 다행히 그는 결정적인 순간을 앞두고 주변의 기대와 요구 대신 자신이 가진 능력을 깨달았다. 자신이 왜 게임을 좋아하고 이 게임이 왜 재미있는지를 떠올리며, 자신의 경험을 있는 그대로 전달한 것이다.

아무리 훌륭한 미사여구와 논리적인 설명을 제시한다 해도, 남을 설득하는 데 내 경험만큼 감동적인 언어는 없다. 비록 그것이 비논리적이고 표현이 어색한 언어일지라도. 이것이 바로 어린아이 정신이다. 아이들의 놀이에서 유치하면서도 재미있는 것은 놀이의 규칙을 스스로 만든다는 점이다. 그 규칙은 매우 즉흥적이고 매번 자기에게 유리하게 바뀌지만, 그들끼리는 상당히 진지하다. 아이들이 자신들만의 규칙으로 놀이에 몰두하면, 주변에 있던 아이들도 자연스럽게 참여하게 된다. 진정한 즐거움을 바탕으로 만든 놀이의 규칙을 인정하는 것이다.

실수를 해도 다시 시작할 수 있다는 자신감이 중요하다

20대와 30대에 사회생활을 거치고 중년에 이르면, 대략적으로 진실된 신호와 가식적인 신호를 구분할 수 있다. 얼마 전 두 학생이 학위 논문을 들고 온 일이 있었다. 딱 봐도 성의 없는 논문이었다. 자초지종을 물었더니 A학생은 아르바이트를 하느라 논문을 쓸 시간이 없었고, B학생은 정말 논문을 쓰기 싫어서 억지로 썼다며 죄송하다고 했다.

A학생의 경우에는 처음에는 사유가 정당할 수도 있겠다고 생각했다. 그러나 나중에는 '아르바이트 끝나고 조금만 더 시간을 냈더라면 지금보다는 성의 있게 쓸 수 있었을 텐데, 정말 시간이 없었나? 노력할 의지가 없었던 건 아닐까?'라는 생각이 들었다. 반면 B학생의 이유를 듣는 순간에는 교수인 나를 무시하는 것 같아 살짝 기분이 언짢았지만, 의심스런 마음은 들지 않았다. 그 학생이 솔직히 이야기한 덕에, 나는 있는 그대로의 사실만을 받아들인 것이다.

사회생활을 하면서 우리는 상대가 거짓 신호를 보내도 속아주는 척하고, 속아주면서 자신의 위신을 세우는 경우도 있다. 그래서 거짓 신호를 보내며 타인을 속이기 위해 애쓰는 사람들 속에서 진심이 더 빛을 발하는 것이다.

진실된 신호나 진심이 반드시 성공을 보장하는 것은 아니다. 다만 그 진심을 가지고 성공을 위해 노력할 때, 더 많은 사람의 도움과 지지를 받을 수 있다. 그것이 실수나 실패에 대한 불안을 줄여준다.

실수를 두려워하지 않는다는 것은, 나는 절대 실수하지 않는다는 자만심을 말하는 것이 아니다. 실수를 해도 원래의 나로 살 수 있고, 처음 계획한 그대로 다시 시작할 수 있거나 융통성 있게 방향을 바꿀 수 있다는 자신에 대한 믿음을 지니는 것이다.

실수와 관련한 예들은 스포츠 세계에서 흔히 찾아볼 수 있다. 올림픽 국가대표 선수들 중에서도 에이스 역할을 하는 선수들의 공통점은 무엇일까? 바로 경기 중의 실수를 잘 잊는다는 것이다. 실수를 잘 잊는다고 해서, 금방 잊어버리고 다음번에 또 똑같은 실수를 저지르는 무책임한 '건망증'을 말하는 것이 아니다. 실수에 얽매여 끌려다니는 데 소모되는 에너지를 재빨리 끊고, 말하자면 몸과 마음을 '리셋'해서 다시 경기에 몰입하는 데 에너지를 집중한다는 것이다.

자신의 실수로 팀이 치명적인 난관에 봉착하고, 눈앞에서 금메달이 사라질 위기에 놓였다고 하자. 그 실수를 빨리 잊을 수 있는 선수가 있을까? 이때 실수에 머물러서 다음 플레이에 집중하지 못하고 계속 그것만 생각하는 선수는 에이스가 될 수 없다. 진짜 에이스는 빨리 잊고 다음 플레이에 집중한다. 좋은 플레이를 오래 기억하는 선수보다, 실수한 플레이를 빨리 잊는 선수가 더 훌륭한 선수일 것이다.

이런 선수들과 이야기를 나누다 보면 '아! 이 선수는 진짜 좋은 선수다'라는 생각이 단박에 머리를 스친다. 실패에 대한 망각의 힘, 새로운 시작에 대한 긍정의 힘, 이런 것들이 대화를 통해 자연스럽게 전해져오기 때문에 더불어 나까지 에너지가 솟는 기분이다.

2002년 월드컵에서 가장 극적인 경기로 평가되는 것은 한국-이탈리아전이었을 것이다. 안정환 선수가 마지막 역전 골든 골을 선사한 뒤 펼친 반지 세리머니는 아직도 기억이 생생하다. 벌써 20년이 다 되어가는 지금도 간혹 TV에서 연장전 몇 분을 보여주는 하이라이트 장면이 방영되곤 한다. 그러나 그 경기의 하이라이트는 사실 경기 전반 페널티 킥 실축 장면으로 거슬러 올라가야 한다. 당시 우승 후보였던 이탈리아 팀에는 한국 팀 선수 전체를 합친 것보다 비싼 몸값을 자랑하는 선수들이 즐비했다. 이런 팀을 맞아 당시 안정환 선수는 천금 같은 기회인 페널티 킥을 날려버렸다. 그 순간 안정환 선수의 머릿속에는 자신이 여태껏 쌓아온 축구 인생과, 월드컵이 끝나면 받게 될 비난이 한꺼번에 떠올랐을 것이다. 이 실패는 그가 축구를 그만두는 날까지 그를 끈질기게 따라다니며 괴롭힐 만한 것이었다.

하지만 그는 다음 플레이를 위해 새로운 방법들을 계속 생각하며, 되레 평소보다 더 많이 뛰고 더 많이 움직이며 더 침착하려고 노력했다. 그런 노력 덕분에 역전 골든 골로 실패를 만회할 수 있었던 것이다. 안정환 선수는 월드컵을 회고하며 정말 죽기를 각오하고 뛰었다고 했지만, 어찌 보면 그의 축구 인생에서 가장 축구를 즐긴 최고의 순간이 아니었을까.

니체는 말했다. "창조의 놀이를 위해서는 신성한 긍정이 필요하다. 정신은 자기 자신의 의지를 요구하며, 세계를 상실한 자는 자신의 세계를 되찾는다." 즉 실수를 하지 않으려고 주변의 눈치를 보기보다는, 실수를 해도 자

기 자신을 믿으면 새로운 성공의 창조물을 얻을 수 있다
는 말이다. 지금의 실수와 실패 때문에 너무 자책하지 말
자. 다음 플레이에 집중할 시간이다.

용기는 사람을 죽이지 않고,
더욱 강하게 만든다.
-니체

자리의 무게를 어떻게 견딜 것인가

•

살면서 나에게 주어지는 자리나 기회에는 '무게'가 있다. 어느새 회사에서 나는 부서를 대표하는 자리에 올라 있다. 우리 부서가 무시라도 당할 것 같으면, 술기운 없이도 나서서 얼굴을 붉히며 큰소리쳐야 한다. 우리 집에서 나는 어느덧 가정을 대표하는 가장이 되어 있다. 내 돈벌이가 우리 집의 경제적 수준을 결정한다. 부부 사이가 좋은가 나쁜가에 따라 화목한 가정인지 아닌지가 결정된다. 양가 어른들의 건강도 돌봐드려야 하고, 집안의 대소사도 챙겨야 한다.

그러던 어느 날 '내가 잘하고 있는 건가? 한 가지 역할을 하기도 힘든데 왜 내가 이 모든 일을 하겠다며 이러고 있지?'라는 의문이 들기도 한다. 답을 찾아보려 하지만 제대로 된 답을 얻기는커녕 짊어진 짐의 무게가 버겁기만 하다. 내 힘으로는 제대로 할 수 없는 너무 어려운 삶을 살고 있는 건 아닌지, 이러다 자멸하는 건 아닌지 불안을 느끼기도 한다.

무게감을 이겨내는 사람 vs. 그렇지 못한 사람

단체 프로 스포츠에는 '주전'이란 게 있다. 말 그대로 주력이 되어 싸우는 선수를 의미한다. 야구든 축구든 주전이라 함은 그 포지션(자리)을 가장 잘 소화하는 대표 선수를 말한다. 주전의 사전적 의미는 하나지만, 각 선수들은 자기 나름대로 그 의미를 다르게 받아들이고 해석한다. 주전 자리에 오르기 위해 선수들은 수많은 경쟁을 하고, 그 경쟁에서 승리하기 위해 엄청난 노력을 한다. 그러나 막상 그 자리에 올랐을 때 어떤 선수는 성공하고 어떤 선수는 그 무게감을 이겨내지 못하고 자멸한다.

한 프로 야구팀의 중심 타선으로 강타자 역할을 맡고 있는 A선수가 불의의 사고로 경기에 나갈 수 없게 되었다. A선수를 대신할 수 있는 선수를 구하기가 힘들 정도로, 그가 팀에서 차지하는 비중과 타격 솜씨는 타의 추종을 불허했다. 그래도 리그는 계속되었고 팀은 경기를 멈출 수 없었기에 A선수와 실력이 비슷한 B선수를 대신 자리에 세웠다.

　B선수는 A선수만큼 타율이 높지는 않았지만, 비슷한 파워와 명성으로 경기 후반부에 종종 A선수 대신 수비를 하거나 타석에서 활약했다. 그런데 B선수는 좀처럼 A선수의 공백을 메울 수 없었다. 결정적인 찬스는 자신 없는 스윙으로 번번이 무산되었고, 평소 잘 하지 않던 실수를 저질러 자주 경기를 망쳤다.

　이에 감독은 궁여지책으로 수비라도 잘해야겠다는 생각에, 플레이 스타일이 전혀 다른 C선수를 주전으로 내세웠다. C선수는 실제 경기에서 수비는 물론이고 타석에서도 빠지지 않는 활약을 보여주었다. 홈런이나 2루타는 A선수에 못 미치지만, 심지어 더 많은 타점을 기록하며 팀의 연승을 이끌어냈다. C선수는 A선수가 부상에서 회복되어 돌아와서도 계속 주전으로 메이저리그에서 활약할 수 있었다.

　A선수만큼 활약하지 못한 B선수는 인터뷰에서 이렇게 말했다. "제가 A만큼 활약하지 못할까 봐 걱정이에요. 뭔가 보여줘야겠다는 마음은 굴뚝같은데 실수를 하면, 자꾸 'A는 어땠을까, A라면 이럴 때 분명히 홈런을 쳐서 팀

을 승리로 이끌었을 텐데…'라는 생각이 들어요. 생각한 대로 따라주지 않으니 답답해요."

반면 맹활약한 C선수는 이렇게 말했다. "어차피 저는 A처럼 홈런이나 2루타를 치는 장타자가 아니에요. 수비를 건실히 하고, 제 뒤에 있는 더 잘 치는 타자들에게 기회를 넘겨주는 역할만 하면 충분하다 생각합니다. 감독님이 제게 주전 자리를 주신 것은 제 스타일대로 야구를 하라고 맡겨주신 것이니까, 제 것만 보여주면 된다고 생각해요."

B선수와 C선수의 인터뷰를 보면 공통점과 차이점이 드러난다. 두 선수 모두 '내가 A만큼 훌륭한 타자는 아니다'라고 현실을 인정했다. 반면 B선수는 '단순히 A선수를 이기려고만' 했고, C선수는 '자신의 개성과 특징으로 열등감을 극복하기 위해 나만의 것에 집중했다'는 차이점이 있다.

내가 짊어진 무게의 실체부터 알기

주어진 자리의 무게가 버거울 때가 있는가? 생각해보자.

뜨거운 모래바람이 몰아치는 사막에서 자신의 낙타가 쓰러져 죽어버릴 정도로 무거운 짐을 싣는 바보 같은 주인은 없다. 사막을 잘 아는 주인은 낙타가 뜨거운 사막을 횡단할 수 있을 정도의 짐만 싣는다. 다시 말해 우리는 감당할 수 있는 무게만큼만 짊어질 수 있다. 그것을 짊어지고 그저 사막을 걸어가는 것이다.

기회를 부여받은 우리는 어쩌면 사막을 횡단하는 낙타가 되어야 한다. 사막의 낙타는 자신에게 주어진 짐에 대해 불평하거나 걱정하지 않는다. 무거운 짐을 지고 뜨거운 사막을 묵묵히 걸어가 짐을 나르고 옮길 뿐이다.

거기서 '왜'라고 묻거나 이것이 합리적인 것인지를 생각하면, 정답을 찾을 수 없는 우리는 억울함이나 포기를 떠올리게 될지도 모른다. 자신이 감당할 수 있는 무게만큼의 짐을 자신만의 방법으로 짊어지고, 경쟁이라는 뜨거운 모래사장을 묵묵히 걸어 나가야 할 것이다.

낙타처럼 흔들리지 않고 뜨거운 사막을 걸어 나가려면 어떻게 해야 할까? 내게 주어진 짐의 실체를 알아야 한다. 그 짐이 과연 내가 감내해야 할 만큼 가치가 있는 것인지 확신이 있어야 한다.

나에게 가장 무거운 짐은 무엇인가? 달리 이야기하면

내 삶에서 가장 무거운 가치는 무엇인가? 흔히 사회에서 이야기하는 돈, 명예, 권력 등이 가장 무거운 가치라면, 나는 그것을 얼마나 말없이 묵묵히 견디고 있는가? 앞으로 얼마나 더 그 무거운 짐을 묵묵히 나를 수 있는가? 확실한 짐을 지고 묵묵히 견뎌봐야 짐의 무게를 제대로 알 수 있다. 달리 말하면 내 짐이 무엇인지 확실히 아는 정직한 마음과, 그 짐을 견뎌보려는 뚝심이 나를 변화시키는 시작점이 될 수 있다.

지금 잘 버텨야 내일이 덜 불안하다

•

우리의 삶은 크고 작은 고난과 역경의 연속이라 해도 과언이 아니다. 그런데 이를 피하려고만 할 것이 아니라 역으로 잘 이용하면 삶의 불안이나 두려움을 줄이는 데 도움이 된다.

니체는 이렇게 말했다. "가장 무거운 것을 견뎌내는 것, 무엇이 가장 무거운 것인가? 나는 그것을 짊어지고 나의 강인함을 확인하고 기뻐할 것이다." 지금 내 앞에 놓여 있는 일이 얼마나 어려운지 걱정하느니, 그 어려움에 맞서고 있는 내 능력을 파악하라는 말이다. 어려운 일과 고된 환경에 수동적으로 끌려다니기보다, 내가 극복할 수 있는 만큼만 극복해보자는 뜻이다. 이것이 니체가 말하는 '견뎌냄'이다.

견뎌냄을 자칫 수동적인 의미로 생각할 수도 있지만, 니체가 말하는 견뎌냄이란 어려움을 수용하고 극복하는 능동적 과정을 의미한다. 역경을 회피하고 왜곡하면서 괴로워하는 것이 아니고, 있는 그대로 받아들여 이겨내는 것이다.

슬프고 힘든 것을 '슬프지 않다, 힘들지 않다'고 이야기하는 게 아니라, 슬플 때는 눈물을 흘리고 힘들 때는 땀을 흘려가며 과정이 주는 어려움을 오롯이 경험하는 것이 견뎌냄이다. 넋 놓고 멍하게 있는 것이 아니라 쓰러지면서도 버티는 것이다.

그렇게 어려움을 경험하고 나면 다음번에 또 비슷한 일이 생겼을 때 어떻게 극복해야 하는지 알 수 있다. 그러므로 나는 할 수 있다는 자신감과 자기 주도권을 갖게 된다. 이때 견뎌냄은 바로 자신감과 자기 주도권의 가장 근본적인 초석이 된다.

다양한 종류의 어려움을 경험한 사람은 어떤 어려움에 부딪혀도 유연한 방법으로 대처할 수 있다. 따라서 어려운 일이 생길지 모른다는 불안함이나 두려움 없이 자신의 삶을 있는 그대로 누릴 수 있다.

쉽게 포기하는 사람들의 특징

내가 만난 한 청소년은 살면서 자신의 짐을 제대로 져본 적이 없었기 때문에 방황했다.

이 아이의 아버지는 의사이고 어머니는 고등학교 교사인데, 아이는 중학교 이후로 공부에서 손을 뗐다고 한다. 고등학교 2학년이 되자 앞으로의 진로를 걱정하는 부모가 아이를 데리고 진료실을 찾았다. 아이는 이렇게 말했다. "형은 공부 잘하고 학교에서 인정받지만, 저는 공부는 가망 없어요. 그렇다고 딱히 하고 싶은 것도 없어요." 나는 아이의 대답에 이렇게 되물었다. "공부를 잘한다는 기준이 뭐니? 얼마나 잘해야 공부를 잘하는 것이니?"

"글쎄요… 저도 잘 모르겠어요. 그냥 형이나 부모님만큼 잘해야 하는 것 아닌가요? 중학교 때 처음 시험을 봤는데 반에서 40명 중에 12등을 했어요. 부모님께 많이 혼났죠. 그 이후로 공부를 안 했어요. 아무리 힘들게 공부해 봐야 1, 2등 올리기도 힘들 것 같고… 솔직히 이야기하면 부모님이 바라는 성적까지 올리기는 불가능할 것 같아요."

이 아이는 자신의 짐이 무엇인지 한 번도 제대로 생각

해본 적이 없다. 어쩌면 자신의 짐이 단순히 '성적'이라고 생각했을지 모른다. 하지만 이 아이가 짊어지고 있는 진짜 짐은 아버지, 어머니, 형이 지닌 기존의 위치나 명예다. 이 아이에게 필요한 것은 가족의 위상에 대적할 수 있는 자신의 가치를 만드는 것이다.

그런데 이 아이는 자신의 짐을 제대로 져본 적이 없고, 따라서 그 짐이 얼마나 무거운지도 알 수 없었다. 당연히 자신에게 주어진 짐을 자신의 능력만큼 이겨내본 경험도 없었다.

누구나 자신에게 주어진 짐과 삶의 무게가 있다. 그 무게가 어느 정도인지 모르는 사람은 작은 고난이나 역경도 쉽게 포기해버린다. 싫은 소리 한마디 들었다고 툭하면 회사를 옮기는 사람을 주변에서 한번쯤은 본 적이 있을 것이다.

쉽게 포기하는 모습은 우울감을 호소하며 진료실을 찾는 청소년들에게서도 종종 볼 수 있다. 반에서 성적이 중간 정도인 아이들이 한두 달 열심히 공부해보다가 '난 공부는 아닌 것 같다'며 포기한다. 아이 말을 들어보면 열심히 했다고 하는데, 부모의 말을 들어보면 '열심히'라는 말에는 한참 못 미치는 수준에서 포기하고 만 것이다.

이런 아이들과 상담을 하고 나면 또 금방 마음을 다잡고 2주 정도 공부를 열심히 한다. 그러다 언제 그랬냐는 듯 포기해버리고 우울해하며 다시 진료실을 찾아온다. '나는 머리가 나쁘다, 이미 글렀다'라고 말하며 공부를 멀리하는 모습이 꼭 고등학교 때 내 모습을 보는 것 같기도 하다.

아이를 데리고 온 부모들은 늘 이렇게 말한다. "진짜 열심히 공부해온 애들을 기준으로 하면 초등학교부터 계산해서 거의 10년을 꾸준히 한 건데, 겨우 한두 달 공부해서 그걸 어떻게 따라잡아? 따라잡는다 해도 엄밀히 따지면 그건 반칙이야."

하지만 아이들 입장에서는 억울하다. 자신은 평소에 비하면 진짜 공부를 열심히 했다. 평상시 공부하던 것에 비하면 3, 4배 시간을 투자했으니까, 3배까지는 아니더라도 2배 정도는 성적이 올라야 하는데 결과는 예전과 다를 바가 없으니 말이다. 아이들은 부모가 이야기하는 축적된 공부의 양, 즉 성적이 오르기 위해 자신이 노력해서 공부해야 할 양(무게)을 모른다. 그렇기 때문에 우울한 것이다.

다 지나고 나서 알 수 있는 것들

그런가 하면 삶에서 견딜 수 없을 정도의 짐을 지고 끈질기게 버티는 사람들도 있다. 정신과 의사의 입장에서 봤을 때는 이런 삶의 태도 또한 바람직한 것만은 아니다. 고난과 역경을 무리하게 이겨내려다가 에너지를 급격하게 소진해버리고, 결국은 에너지가 바닥 나 다시는 일어설 수 없게 되는 일도 벌어질 수 있기 때문이다.

이런 사람들은 기어코 끈질기게 버티다가도, 문득 '하고 많은 사람 중에 왜 나만 이렇게 힘든 걸까? 정말 나는 재수가 없나 봐'라고 생각한다. 그러면 실제의 자신보다 더 못나고 비참한 사람이 된 것 같고, 감당할 수 있는 짐의 무게는 실제보다 더 무겁게 느껴진다. 그의 삶은 점점 현실보다 못한 비극적 상태에 빠져든다.

정말 견디기 힘든 짐을 지고 있다면 어떻게 해야 할까? 짐을 내려놓을 수는 없고 그렇다고 견디기는 너무 힘든 짐이라고 할 때, 니체가 이야기한 러시아 군인의 '무저항적 숙명론'을 떠올리면 도움이 될 것이다. 러시아 군인은 행군이 너무 혹독하면 눈밭에 쓰러진다. 이런 행동은 어떤 것도 받아들이지 않고 차라리 반응하지 않겠다는 태도다. 마치 겨울잠을 자듯 신진대사를 최소한으로 하여 신체의 에너지를 보존하는 방법이다. 즉 가장 혹독한 상황에서 오히려 삶을 유지하는 생리학적 반응이자 가장 이성적 방법이라 할 수 있다.

'새옹지마(塞翁之馬)'라는 옛말이 있다. 옛날 중국 변방에 한 노인이 살았는데, 들판에서 지내던 좋은 말이 갑자기 집 안으로 들어왔다. 동네 사람들이 횡재를 했다고 축하해주었지만 이 노인은 꼭 좋은 일만은 아니라고 했다. 어느 날 하나밖에 없는 아들이 이 말을 타고 놀다가 다리가 부러졌다. 동네 사람들은 그 말이 복덩이가 아니고 화를 불러오는 요물이라 했지만 노인은 꼭 나쁜 일만은 아니라고 했다. 몇 년 뒤 중국에 큰 전쟁이 나서 젊은 청년들이 전쟁에 끌려가 모두 목숨이 위태로워졌는데, 노인의 아들은 다리 덕분에 군대에 끌려가지 않게 되어 무사할 수 있었다. 즉 '새옹지마'란 삶에서 일어나는 좋은 일과 나쁜 일은 변화무쌍하여 예측하기 어렵다는 뜻이다. 좋은 일이 있으면 나쁜 일도 있고 재앙이 있으면 복이 오듯, 우리의 삶은 어떻게 될지 모른다는 말이다. 아마도 이 이야기를 모르는 사람은 거의 없을 것이다. 나는 이 이야기를 초등학교 때 만화책을 통해 처음 접했고, 이후로 '새옹지마'라는 말을 인생의 좌우명으로 삼을 만큼 마음 깊이 새겼다.

새옹지마라는 말은 내 삶에서도 무수히 반복되고 있다. 지금이야 남 보기에 어엿한 대학교수이자 한 가정의 가장이지만, 내 삶도 좋은 일과 나쁜 일들이 교차하는 새옹지마의 사건들이 있다. 간단히 얘기하면 나는 당시 비명문 고등학교를 나왔고, 친한 친구들이 모두 좋은 대학에 갈 때 홀로 입시에 실패하여 재수를 했다. 그때의 자괴감은 지금 생각해도 가슴 한구석이 저릿할 정도로 깊은 상흔을 남겼다.

나는 중학교 때 소위 8학군이라 하는 동네에서 자랐다. 그런데 고등학교 배정표를 받고 나서 엄청난 충격에 빠졌다. 다른 동네, 당시 내가 생각할 때 유명 고등학교가 하나도 없는 동네의 처음 듣는 학교로 배정된 것이다. 1,000명이 넘는 졸업생 중에 10명이 다른 학군으로 배정되었는데 내가 그 10명에 들어 있었고, 나는 그 10명 중에서도 가장 '이름 없는' 학교로 배정된 것이다.

중학교 때 나는 시키는 대로 열심히 공부했고, 살던 동네에서 이사를 가면 좋은 고등학교에 갈 수 없을지 몰라서 그 동네를 떠나지 않았다. 옆집이나 뒷집 친구들은 좋은 고등학교로 무난히 배정되었는데, 이상하게 나만 알지도 못하는 동네의 신설 고등학교에 배정된 것이다. 학교를 다녀야 하느냐 말아야 하느냐를 놓고 십여 차례 가족회의를 거듭한 끝에, 그냥 다니기로 결론이 났다. 그렇게 나는 인생에서 가장 높은 확률을 뚫고 불운(?)의 소굴로 들어갔다.

그 고등학교에는 나처럼 타 지역에서 100대의 1의 경쟁률을 뚫고 들어온 '용병 학생' 10여 명 있었다. 그 10명 중에서 나를 포함해 가장 억울한(?) 5명의 용병은 처지가 너무나 비슷했다. 그래서 서로 많이 친해졌다. 덕분에 불운의 소굴에서 버텼는지도 모르겠다.

그런데 이 용병 친구들은 공부를 아주 잘했다. 그 결과 모두 소위 명문대에 진학했다. 나만 빼고. 첫 입시에 실패해 '재수'를 선택한 나는 나머지 4명에게 기가 죽을 수밖에 없었다. 친구들이 남들이 말하는 번듯한 대학에 다니는 동안, 나는 제대로 된 창문 하나 없는 어두컴컴한 종로의 재수 학원에서 심기일전하며 눈물 젖은 1년을 보냈다. 그 4명 중 단 한 명이라도 나와 같은 처지였으면 하는 못된 심사를 부리기도 했다.

시간이 흘러 나도 대학에 입학했고, 이후 여러 우여곡절을 거쳐 지금은 대학 교수가 되었다. 교수가 되고 나서 초반에 어리바리할 때 그 친구들의 도움을 많이 받았다. 국가 기관의 수석 연구원 출신으로 지금은 바이오 기업의 대표가 된 한 친구는 내가 유전자 연구를 진행하는 데 도움을 주었다. 또한 의료기 회사의 CEO가 된 친구에게는 연구 과제 작성 요령을 배워 연구비 수주에 큰 도움을 받았다.

고등학교 배정이나 입시에서 실패했을 당시에는 그 일들이 내 인생에서 가장 불공평하고 재수 없는 일이라고 생각했다. 그러나 나중에 내가 그때 만난 친구들로부터 받은 도움들을 생각해보면, 그 사건들은 반드시 있어야 하는 과정이었던 것이다. 그때 그 고등학교에 진학하지 않았다면, 그래서 친구들을 만나지 못했다면 나는 그들에게 도움을 받을 수 없었을 것이다.

견뎌냄이라는 단어에서 수동적인 자세, 굴욕적으로 모든 걸 감내하는 자세를 떠올릴 수도 있다. 하지만 견뎌낸다는 것은 내게 주어진 짐을 기꺼이 지고 삶을 적극적으로 살아내는 것이다. 고난과 역경이 크든 작든 쉽사리 포기하지 않고 살아내는 것이다.

'젊어서 고생은 사서도 한다' '아프니까 청춘이다'라는 말들을 들으며, 내 고통이 어느 정도인지 알기나 하고 이런 말을 하는 것인가 원망한 적도 많다. 그러나 지금의 고통도 미래를 준비하는 데 필요한 양분이라 생각하면 원망의 마음보다는 인내하는 마음이 더 단단해지지 않을까.

인간은 수목과도 같다.
나무는 높게 밝은 곳으로 올라가면 올라갈수록
그 뿌리는 점점 강하게 땅속 아래로,
어두운 쪽으로, 나쁜 쪽으로 향한다.

-니체

갇혀 있다는 느낌으로
불안과 공포를 느낀다면

●

도시에 사는 사람들은 숨 한번 크게 내쉴 시간이나 공간이 마땅치 않다. 사방 어디를 둘러봐도 꽉 막혀 있으니, 골치 아프고 답답한 일이 생겨도 해소할 적당한 방법이 없는 것이다.

대도시에 위치한 회사들은 땅값이 비싼 탓에 사무 공간과 관련해 크고 작은 어려움들을 겪고 있다. 공간의 문제 때문에 폐쇄 공포증이나 공황장애를 호소하는 환자들이 들려주는 이야기를 듣다 보면, 웃어야 할지 울어야 할지 난감할 때가 많다.

40대 회사원 A씨는 8년 만에 승진하여 드디어 자기 방을 갖게 되었다. 문제는 그가 식은땀을 흘릴 정도로 좁은 공간에 갇혀 있는 것을 많이 힘들어한다는 것이다. 회사에서는 공간을 최대한 활용해서 개인 사무실을 만들어야 했기 때문에, 한 사무실의 가운데에 벽을 세워 두 개로 나누는 미봉책을 썼다. 이렇게 만들어진 두 공간은 각각 A씨와 B씨가 사용하게 되었다. 문제는 에어컨과 난방 시스템이 가운데 벽 사이에 걸쳐 있어서, 누구 한 사람이 덥거나 추우면 상대방의 의사에 상관없이 에어컨이나 난방기를 틀어야 한다는 데 있었다. A씨와 B씨는 각기 자기 사무실을 쓰고 있지만 같은 사무실에 있는 듯한 묘한 룸메이트의 감정을 느끼고 있었다.

생각보다 중요한 큰 숨 한 번

가장 큰 문제는 폐쇄 공포증이 있는 A씨 쪽 공간에는 창문이 없다는 것이다. 하나의 공간을 두 개로 나누다 보니 창문은 B씨 쪽 공간에 있고, A씨는 사방이 벽으로 둘러싸인 상자 안에 갇힌 꼴이 되었다. A씨는 사무실에 있는 것이 싫어졌고, 급기야 병원에 가서 치료를 받고 약을 먹어도 불안과 짜증이 자꾸만 늘어갔다. 부하 직원에게 괜한 역정을 내는 날도 많아졌다.

그러던 어느 날, A씨의 짜증을 견디지 못한 비서가 아주 기막힌 선물을 했다. 한 맥주 회사의 배너 광고였다.

창문 사이로 멀리 보이는 바닷가에 비치파라솔과 시원한 맥주 한 잔이 놓여 있는 이미지였다. 벽에다 배너 광고를 붙이고 나니, A씨는 정말 저 창문 너머에 바다가 있는 것처럼 느꼈고 방에 창문이 있는 듯한 착각까지 들었다. A씨는 답답할 때마다 그 이미지를 보며 크게 숨을 한 번 쉬고, 스스로에게 '나는 갇혀 있지 않다'고 되뇐다고 한다. 심호흡을 반복하고 '나는 괜찮다'고 최면을 걸면서 명상을 통해 자신을 되돌아보는 여유도 생겼다.

요즘 유행하는 말로 참 '웃픈' 이야기다. 회사가 사무실 하나를 둘로 쪼개는 바람에 생긴 해프닝이라 생각하며 웃고 넘기기에는 분명 되짚어볼 부분이 있다. A씨가 크게 숨을 한 번 쉬게 된 과정과 결과를 살펴볼 때, 우리에게 '큰 숨' 한 번이 갖는 의미가 얼마나 크고 소중한지 알 수 있기 때문이다. 바쁜 일상 속에서 잠깐 하던 일을 멈추고 숨 한 번 내쉬며 나를 돌아보는 여유를 갖기가 왜 이렇게 힘든 것일까.

사실 '큰 숨' 한 번은 어느 커피 광고에 나오는 잠깐의 여유보다 훨씬 더 큰 의미를 가지고 있다. 내 인생의 '안'과 '밖'을 결정하는 최초의 능동적 행동이 바로 이 '큰 숨'

에서 시작되기 때문이다.

엄마의 자궁 안에 있을 때 아기는 안과 밖의 구분을 하지 못한다. 아기의 입장에서 볼 때 엄마 배 속에서는 오직 '안'만 존재한다. 따라서 아기는 오직 '안'만 알 수 있고 오직 '안'만이 진실이다. 그런데 아기의 생명은 오직 밖의 상황에 의해서 결정된다. 엄마가 잘 먹으면 아기도 영양분을 많이 섭취할 수 있고, 엄마가 숨을 잘 못 쉬면 아기에게 가는 산소도 그만큼 줄어든다.

아기가 자신의 의지대로 숨을 쉬어 산소를 받아들이고 음식을 먹으며 영양분을 보충해서 자라나려 하지 않아도, 아기는 엄마와 연결된 탯줄을 통해 산소와 영양분을 공급받는다. 안과 밖을 구분하지 못하는 상황에서, 아기 자신이 능동적으로 할 수 있는 것은 하나도 없다. 모든 것을 밖에 의지하는 상황이다.

엄마가 출산을 하여 아기가 엄마 배 속에서 바깥으로 나올 때, 아기는 처음으로 밖을 경험하며 엄청나게 놀라 울음을 터뜨린다. 자력으로 숨을 쉬어야 하기 때문이다. 따라서 아기의 첫 능동적 행위는 숨을 쉬는 것이다. 숨을 쉬지 않으면 산소가 부족하기 때문에 답답함을 느낀다. 아기는 크게 울며 폐를 넓히고 더 많은 공기를 받아들이면서 비로소 안과 밖을 구분하는 첫 행위를 하게 된다.

철학적으로는 '실존'의 문제를 생애 처음으로 인식하는 행위로 볼 수 있다. 니체는 이 땅 위에 처음 존재한다는 것을 '단단한 땅 위에 처음 발을 디딘다'고 표현했다. 땅은 물, 공기, 먹을 것을 포함한 물리적 토대이며 자아가 활동하는 공간이다. 그런 의미에서 이 땅 위에 첫발을 내디딘 사람이 처음으로 하는 능동적인 행위를 '스스로 선다'는 말로 표현한 것이다.

아기는 성장하는 과정에서 안을 버리고 밖을 받아들인다. 안에 있는 것은 아기의 특징이자 기질적인 것이고, 밖에서 들어오는 것은 엄마나 아빠와의 관계, 주변 사람들과의 관계, 환경적인 영향이다. 이러한 안과 밖의 다양한 요소들이 마음의 구조를 형성한다. 이렇게 형성된 마음의 구조를 바탕으로 다른 사람들과 관계를 맺고 살아나가는 것이다.

잠깐의 여유가 주는 장점을 잊지 말자

우리는 살면서 기쁨을 느끼고 슬픔에 괴로워하며 스트레

스를 받고 우울해하기도 한다. 이러한 복잡한 감정들에 둘러싸여 어느새 자신의 처음을 잊어버린다. 우리의 처음을 찾기 위한 무의식적인 시도가 바로 이 '큰 숨' 한 번이 아닐까. 찰나의 순간에 이루어지는 아주 간단한 행동이지만, 큰 숨 한 번 쉬고 나면 나도 모르게 안정을 찾게된다. 골치 아픈 일도 다른 시각으로 볼 수 있는 '시야의 확장'을 경험할 수 있다.

중년의 우리에게 필요한 자세도 이런 큰 숨 같은 존재가 되겠다는 마음가짐일 것이다. 나이가 들수록 우리는 누군가에게 큰 영향력을 행사하는 중요한 존재가 되고 싶어 한다. 자신의 능력과 인생의 깊이를 깨달은 중년이라면, 무겁고 복잡한 사람보다는 그저 '큰 숨' 같은 존재가 되는 것도 의미 있을 것이리라. 나와 대화를 나누었을 때 정답을 얻지는 못하더라도, 말하는 사람이 자신의 생각과 삶을 정리하는 데 도움을 줄 수 있는 사람 말이다.

의미 없는 경쟁으로
잃고 있는 것

●

우리 사회는 성공에 대한 강박이 있는 것 같다. 소위 사회적으로 성공하지 못한 사람은 전부 낙오자로 몰아가는 분위기랄까.

A씨는 어릴 적 유치원부터 영어 조기 교육 열풍에 휩쓸려, 초등학교에 입학한 뒤로는 방과 후 두세 개 영어 학원을 다녔다. 중·고등학교 시절에는 온 가족이 동원되어 새벽부터 학원 앞에서 대기표를 받은 끝에 족집게 수학 선생님의 수업을 받았고, 대학교에 들어가서는 1학년 때부터 도서관에 특별 좌석을 신청해 미국 유학을 준비했다. 유학을 다녀와서는 2년간의 도전 끝에 대기업에 취직했다.

그런데 어찌된 일인지 입사 동기들보다 진급이 늦어졌고, 그는 집에서나 동기 모임에서나 '루저' 취급을 받았다. 주변 사람들의 말마따나 A씨 스스로도 자신을 루저라고 생각했다. 이 패배의 그늘을 지워야겠다는 생각에, 중년에 막 들어선 나이에도 그는 계속해서 뭔가를 해야 할 것 같은 마음에 늘 불안하다. 간혹 다른 일을 해볼까 혹은 취미를 직업으로 바꿔볼까 하는 생각이 잠시라도 들면, 이유 없는 죄책감에 금방 생각을 접어버린다.

B씨는 모 증권 회사에서 전설의 수익을 달성한 팀장이었다. 일류 대학을 졸업함과 동시에 동기들을 제치고 가장 먼저 내로라하는 증권 회사에 입사했다. 뛰어난 입사 동기들보다 더 탁월한 업적으로 진급도 단연코 가장 빨랐다. 하루에 10시간 이상 일하고, 최소 5시간을 회식과 인맥 관리에 쓰고, 최대 5시간을 잠을 잤다. 그는 이제 회사 간부가 되었다.

그런데 지금의 업적을 가지고는 자신의 이름을 유지할 수 없다는 불안감이 밀려온다. 회사는 계속 나에게 성과를 요구하고, 나는 더 대단한 일을 해서 업적을 쌓아야 한다. 나이가 들면서 젊었을 때만큼 체력이 받쳐주지 못하기 때문에, 더 노력해야 지위가 높아져가는 자신을 유지할 수 있다. 그런데 요즘 갑자기스럽게 숨 쉬기가 어려워지고 가슴이 마구 뛰고 뒷머리가 아파온다. 병원에 가면 매번 '술을 멀리하고 스트레스를 줄이라'는 뻔한 말뿐이다. 이러다가는 과로사라도 할 것 같은데, 그렇다고 일을 관두고 승진의 기회를 여기서 놔버린다면 좌절감 때문에 더 힘들어질 거라는 생각도 든다.

하나를 얻으면 또 다른 것을 얻으려는 인간의 욕구

A씨와 B씨는 다른 듯 같은 느낌이 든다. 이유도 모른 채 커다란 돌덩이를 끊임없이 경사진 언덕 위로 굴려 올려야만 하는 시시포스의 후예인 것이다. 우리 인간은 시시포스의 후예답게 하나를 성취하면 본능적으로 또 다른 것을 성취하려는 단계적 욕구를 갖고 있다.

미국의 심리학자 에이브러햄 매슬로(Abraham H. Maslow)는 이것을 인간의 단계적 욕구(Maslow's hierarchy of needs)로 설명했다. 하나의 욕구가 충족되면 또 다른 욕구가 생기고, 그것을 만족시키면 그 윗 단계에 또 다른 욕구가 생겨나 피라미드 형태를 이룬다. 가장 먼저 요구되는 욕구는 다음 단계에서 달성하려는 욕구보다 강하고, 첫 욕구가 만족되었을 때만 다음 단계의 욕구로 넘어간다. 매슬로가 말하는 인간의 단계적 욕구는 크게 다섯 단계로 나뉜다.

첫째, 생리적 욕구다. 배고픔을 면하고 생명을 유지하며 자손을 번식하려는 욕구로서, 가장 기본적인 의식주 욕구와 성욕을 포함한다. 둘째, 안전 욕구다. 생리적 욕구가 충족되고 난 뒤 위험한 순간이나 위협을 초래하는 자극에서 자신을 보호하고 불안을 피하려는 욕구다. 셋째, 애정 및 소속의 욕구다. 가족, 친구, 친척 등과 관계를 맺으며 원하는 집단에 속하고자 하는 욕구다. 넷째, 존경을 받고자 하는 욕구다. 유명한 사람이 되어 다른 사람이 우러러보기를 바라는 거창한 존경뿐 아니라, 단순히 사람들과 친하게 지내고 싶은 소박한 친화의 욕구까지 포함한다. 마지막은 자아실현의 욕구다. 아마도 이 욕구가 우리가 이야기하려는 내용과 가장 일치하는 욕구일 것이다. 이것은 자기를 계속 발전시키기 위해 숨겨진 자신의 잠재력을 최대한 발휘하려는 시도다. 다른 욕구와 달리, 자아실현의 욕구는 충족될수록 더욱 증대되는 경향을 보이기 때문에 '성장 욕구'라 부르기도 한다. 무엇인가 알고자 하고 이해하려는 인지 욕구와 심미 욕구 등이 여기에 포함된다.

인간의 본능적 욕구가 이러할진대, 사회적으로 더 발

전해야 하고 뭔가를 '해야만 한다(should)'는 채찍질이 쉼없이 가해지면, 사람은 최고인 상태를 또 뛰어넘어야 한다는 부담감에 나락으로 떨어지고 말 것이다. 니체는〈방랑자와 그 그림자〉편에서 목표에 사로잡혀 자신의 인생을 잃는 사람들에 대해 다음과 같이 이야기했다. "산을 오른다. 짐승처럼, 망설임도 없이, 땀범벅이 되어 오직 정상을 목표로 오를 뿐이다. 오르는 동안 눈부시게 아름다운 풍경이 펼쳐지지만, 오로지 높은 곳을 향하는 것 외에는 알지 못한다."

A씨와 B씨 모두 이미 최고 중의 최고를 경험하며 살아왔다. 그러나 이들에게 '최고'란 끝이 없는 현재 진행형이어서, 그 상태를 또 뛰어넘어야 한다. 이것은 너무도 힘들고 현실적으로 불가능한 일이다. 불가능을 가능으로 만들어야 하는 '초인'이 되어야 할 수 있는 일이다. 그렇다면 열심히 해도 뛰어넘을 수 없는 상황에서 초인이 된다는 것은 과연 무엇일까?

진짜 나는 어디에

니체가 말한 '위버멘시(uebermensch)' 즉 초인은 "항상 자기 자신을 극복하는 신체적 존재이며, 인간 자신과 세계를 긍정할 수 있는 존재이자, 지상에 의미를 부여하고 그 의미를 완성시키는 주인의 역할을 하는 존재"다. 초인은 다른 사람이 정해놓은 기준을 계속 만족시키면서 거기서 인정을 받고, 그 인정이 모자라서 또 다른 기준을 찾아 헤매는 무의미한 만족이 아니라 '진정한 자신의 모습을 찾는' 사람이다.

자신의 모습을 찾는다는 말은 칼 융이 이야기한 '자기실현(individuation)'과도 일맥상통한다고 볼 수 있다. 자기실현이란 자기의 고유한 모습을 구현하는 것을 말한다. 융은 우리의 마음에 자기(self)와 자아(ego)가 있다고 했다. 자기는 우리가 아무리 생각하고 의식하려 해도 알 수 없는 무의식 영역에 있다. 그것도 무의식의 가장 밑바닥에 머물러 있어, 무의식 세계의 '심해어'와 같은 존재라 할 수 있다.

자아는 자기의 세계보다 얕은, 의식의 분별이 가능한 세계에 있다. 때로는 의식이라는 물 밖으로 나와서 숨을

초인이란

필요한 일을 견디어 나아갈 뿐 아니라

그 고난을 사랑하는 사람이다.

-니체

쉬고, 때로는 무의식이라는 얕은 물에서 유영을 하는 고래라고나 할까…. 고래가 심해어를 만나기는 여간 어렵지 않다. 즉 자아는 자기를 발견하기 힘들다. 자기실현이란 자아가 무의식이라는 깊은 바닷속 바닥에 놓여 있는 자기를 발견하고 그 가치를 깨닫는 지난한 과정이다. 깊은 곳에 숨겨진 자신의 참모습을 발견하는 과정을 자기실현이라 할 수 있다.

고래가 심해까지 들어간다고 상상해보자. 얼마나 힘들까? 숨을 참아가며 그 큰 몸을 이끌고 어두컴컴한 바다의 바닥으로 침잠하는 과정은 정말 고통스러울 것이다. 숨이 끊어질지 모른다는 두려움, 바닥에 가 봐야 어둠만 있을 것이라는 선입견, 지금 이 정도의 깊이에서도 충분히 힘들다는 나약한 마음 등이 깊은 심해로의 여정을 분명히 방해할 것이다.

나 또한 자기실현을 멈추고 주변에 얽매여 괴롭던 시기가 있었다. 나는 정신과 전문의로 첫발을 내디디면서 근본적으로 인터넷과 게임, 스포츠가 청소년과 운동선수에게 스트레스나 부담이 아니라 도움이 되었으면 좋겠다고 생각했다. 그래서 그에 대해 연구하고 환자들을 만나면서 책을 쓰기도 했다.

그런데 내 생각과 믿음에 대해 사회적으로 많은 논쟁이 있었다. 소아청소년 정신의학자로서는, 청소년들의 공부를 방해하고 무분별한 생활 습관을 부추기는 인터넷 게임을 중독으로 보고 치료법을 제시할 것이지, 왜 굳이 중립적 연구를 해서 시간 낭비를 해야 하느냐는 등, 게임 회사에서 돈을 받고 일하는 의사가 아니냐는 등 비난의 목소리가 쇄도했다. 또한 스포츠 정신의학자로서는, 공부밖에 모르고 책상에서 펜대만 굴려 스포츠에 문외한인 정신과 의사가 과연 최고의 스포츠 엘리트 집단인 프로 선수들을 상대할 수 있겠느냐는 편견도 있었다. 의과대학 교수로서는, 안 그래도 교수 자격을 유지하기 위해 병원에서 내 역할을 수행하고 연구 논문의 압박도 받는 상황에서 지금보다 더 많이 더 열심히 일하라는 목적 없는 행동을 강요당했다.

니체는 이렇게 말했다. "지금까지 존재하는 모든 것들은 그들 자신을 뛰어넘어, 그들 이상의 것을 창조해왔다. 그런데도 너희는 이 거대한 밀물을 맞이하여 썰물이 되기를 기다리며, 자신을 극복하기보다는 오히려 짐승으로 되돌아가려 하는가?"

어느 순간, 지금이 재미가 없고 힘들어졌다. 현실에 놓여 있는 나를 떠나 미래에서 편하게 쉬고 있는 모습만을 자꾸 동경하게 되었다. 내 자신의 가치를 떠나 천상의 가치(사회적 평판, 학교에서의 위치)를 중요시했고, 그 기준만을 만족시키려 했던 것이었다. 인터넷의 본질이나 게임의 영향에 대해 연구만 했지 연구 결과를 외부에 발표할 수는 없었고, 선수들이 나를 피하는 낌새를 참아가며 만날 수밖에 없는 세월을 묵묵히 보냈다.

그러던 중 '게임 뇌'에 관한 새로운 결과들이 정리되고, 게임의 중립적 영향이 인간 행동에 미치는 영향이 외국의 유수 저널에 실리면서 내 노고가 슬슬 세상에 알려졌다. 게임 연구에 대한 중립적인 시각이 게임 과몰입으로 힘들어 하는 아이들의 치료에 선행되어야 한다는 생각을 가진 유명 학자들의 지지도 얻게 되었다. 선수들을 만날 때는 그들이 나에게 갖고 있는 선입견을 하루빨리 없애서 여러 선수들을 되도록 많이 만나야겠다는 마음보다는, 단 한 명의 선수를 만나더라도 시간을 들여 본연의 문제에 접근하려는 방법을 택했다. 그랬더니 마음의 문을 여는 선수들이 점점 늘어났고, 먼저 진료실을 찾아오는 이들도 생겼다.

이런 과정을 거쳐 나는 처음 내가 가졌던 생각과 다시 일치하게 되었고, 나만의 것을 되찾게 되었다. 그러다 보니 어느새 지금이 재미있다고 느껴졌다. 주변에 얽매여 생존을 위한 경쟁을 하고 있다는 생각이 들지 않았다.

주변 환경에 얽매여 그 안에서 다른 사람보다 잘하고 있다는 상대적 우월감을 느끼려는 '초월'은, 또 다른 경쟁을 부추기고 끝없는 갈망을 초래하며 허무함을 일으킨다. 주인공인 나를 잃어버렸기 때문이다. 따라서 나를 잃게 되는 치열한 경쟁에서 떨어져 나와, 나만의 기쁨과 나만의 목표를 가지고 내 인생을 살아갈 준비를 하는 이를 진정한 '초인'이라 할 수 있겠다.

불안은 나를 잃어버릴 때 시작된다

경쟁을 떠나 자기만족만을 추구하는 현대인이 과연 가능할까? 바보나 히틀러, 무솔리니 같은 무소불위의 독재자라면 가능할지도 모르겠다. 니체의 초인 개념으로 보자면 의미 없는 경쟁을 배제하는 것은 상당히 중요하다. 현재의 목적에 알맞은 목표와 행동이 일치하는 초인이 되면, 자기만족이라는 보답을 얻을 수 있기 때문이다. 니체의《차라투스트라는 이렇게 말했다》에 나오는 시장 사람들의 경쟁을 보면 그 의미를 더 자세히 알 수 있다. "고독이 끝나는 곳에서 시장이 시작된다. 시장이 시작되는 곳에서 위대한 배우들의 소음과 독파리 떼의 윙윙거림이 시작된다."

나를 잃어버리고 다른 사람과의 경쟁에 관심이 쏠릴 때 불안은 시작된다. 장사하는 사람이 먹고 살기 위해 오늘 얼마만큼의 물건을 팔아야 하는지 '물건을 파는 자기만의 목표'를 정하지 않고, 단지 주변 상인들보다 조금이라도 더 많은 물건을 팔기 위해 소리치고 경쟁하고 다툼을 벌인다고 생각해보자. 그것은 감정 이입 없이 어색한 대사를 외치며 서투른 연기를 하는 배우들이나, 먹잇감을 앞에 두고 윙윙대며 모여드는 파리 떼에 불과하다. 이제까지 우리는 사회나 다른 사람이 정해준 가치가 절대적이라고 생각하고, 그것을 향해 노력해왔다. 그 범위를 벗어나면 나쁜 아이나 나쁜 사회인이 된다고 생각했다.

니체는 이것을 '초인'에 대립되는 '최후의 인간'이라 일컬었다. 최후의 인간이란 인간이 하늘에 있는 신의 가치만을 중요시하다가 인간 자신에게로 관심을 돌리기 직전의 상태를 말한다. 외부의 가치(다른 사람이 나를 평가하는 가치)와 자신 안에 있는 가치(내가 나를 평가하는 가치) 사이에서 방황하며 어느 하나에 만족하지 못하는 인간이다. 이는 바로 지금 우리가 느끼는 우리의 모습일지 모른다. 다른 사람의 평판에 민감하고, 스스로 괜찮은 사람이 되고 싶기도 한 '최후의 인간' 말이다.

다양한 가치가 존재하고 급격히 변화하는 사회에서 중요한 것은 외부와 환경이 정해준 고지식한 가치(천상의 가치)에 머물러 집착하는 것이 아니라, 자신의 개성과 특성에 관심을 갖는 시선이다. 니체는 이렇게 말했다. "네가 이제까지 천상의 가치를 추구했다면, 이제 그 시선을 너 자신에게 돌려라." 외부의 화려한 관심에 도달하지 못해 다소 고독하더라도 자신의 가치를 찾으며 나만의 시선을 갖도록 노력하자. 다른 사람들이 만들어낸 끝없는 외적 가치의 올무에서 벗어나자. 그러면 최후의 인간이 아닌 최초의 인간, 초인의 길로 한 발 다가설 수 있을 것이다.

오늘날 우리는 '나'를 찾기 위해 수없이 많은 시도를 한다. 그러나 여전히 다른 사람의 가치 기준에서 벗어나지 못하고 있다. 근사한 사진을 SNS에 올려 '좋아요'를 받고 그 수에 민감하게 반응한다. 인터넷이 추천하는 맛집이나 여행지를 찾아가면 그곳의 음식 맛이 어떻든, 내가 무엇을 보았든 일단 안심한다. 많은 사람이 맛있다고, 좋은 곳이라고 말하기 때문이다.

이제는 내가 나에게 해주는 칭찬과 피드백이 필요하다. 그래야 나의 자아를 찾을 수 있기 때문이다. 우리는 흔히 불안해지면 자신을 잃어버린다고 생각하지만, 자신을 몰라서 불안해하는 경우가 더 많다.

나에게 하는 칭찬과 피드백이 낯설다면 일기를 써보자. 좋은 일이나 특별한 일이 아니더라도 그때그때 내 생각과 감정을 기록으로 남겨보자. 휴대폰 메모 기능을 활용해도 좋고, 내 감정과 일치하는 사진을 찍거나 영상을 저장해두는 것도 좋다. 그것이 내 인생이고, 이렇게 모인 내 인생이 내 자아의 일부가 되며, 그 자아의 종합이 더 큰 틀에서 내 자아를 형성하기 때문이다.

나이 드는 것이 불안하다면

●

인간은 누구나 나이를 먹는다. 흰머리가 한두 개씩 눈에 띄고 아픈 곳이 하나둘 늘어나면, 나이를 먹는 것 자체가 불안으로 다가온다. 하지만 젊을 때는 누구나 나이를 먹는다는 게 어떤 건지 잘 알지 못한다.

고(故) 장영희 선생님의 수필《어떻게 사랑할 것인가》의 〈스무 살과 쉰 살〉에는 이런 내용이 나온다. 스무 살의 저자는 쉰 살의 사람들을 보며, 한 살씩 나이를 먹어 쉰 살이 된 게 아니라 처음부터 쉰 살로 태어난 사람들이 아닐까 생각했다는 것이다. 그들은 얼굴 곳곳에 깊게 팬 주름을 짙은 화장으로 감추고, 외로움을 숨기려고 일부러 큰소리치면서 권력을 휘두르는 별종의 인간들로 보였다. 쉴 새 없이 자기 할 말만 하고 목젖이 다 드러나게 입을 벌리고 웃는 쉰 살의 사람들은, 스무 살 저자의 눈에 조금은 코믹하고 조금은 슬픈 존재로 비친다.

아이러니하게도 40대는 이런 50대의 모습을 원색적으로 비난하면서도 가장 닮아가는 나이가 아닐까. 감성과 낭만은 20대에 놓아둔 채 30대로 넘어왔고, 힘 있는 40대를 위해 30대를 하얗게 불태웠다. 그렇게 열정과 희생을 다했건만, 중후함을 기대했던 중년의 내 모습은 영락없는 '웃픈' 50대의 초상이다.

회사에서는 누가 봐도 억지 주장을 하는 50대 상무님을 비난하면서, 자기 부하 직원들에게는 복종을 운운하는 횟수가 늘어난다. 집에서 점점 머리가 굵어지는 아들과 '대화'라는 시늉이라도 해본 게 언제인지 기억이 가물가물하다. 거울 앞에 서서 어느덧 희끗희끗해진 귀밑머리를 감춰보려던 마음도 덤덤해지고, 일찍 백발이 된 친구보다는 그래도 내가 낫다는 생각으로 위안을 삼는다. 그럼에도 나이를 먹는다는 불안을 떨칠 수 없다.

묵직한 경험이 가진 힘을 믿자

부끄러운 얘기지만 나는 40대가 되어서야 책 읽기에 익숙해졌다. 책 읽기가 어려웠던 이유는 아마도 내 산만한 성격 때문이었을 것이다. 독서란 눈으로 읽고 머리로 상상하며 마음으로 느껴야 하는 멀티태스킹 작업인데, 산만한 사람은 겉보기에는 멀티태스킹에 능한 것 같지만 실은 그 반대다. 도무지 집중이 힘든 중년의 아저씨를 독서에 빠져들게 한 책은 도서관에서 무심코 집어든 장영희 선생님의 《문학의 숲을 거닐다》였다. 제목에서부터 '문학'이라는 단어에 대한 향수와 '거닐다'라는 단어의 여유가 가슴으로 전해졌다. 간접적이고 잔잔하며 부드러운 책 속의 표현들이 신기하게도 내게는 그 어떤 책보다 강렬하고 직선적이며 명징하게 다가왔다. 미사여구를 넣지 않는데도 아름다움이 느껴지고, 슬픈 단어를 사용하지 않는데도 가슴 한 편이 저려왔다.

책 읽기에 갓 익숙해진 중년에게 장영희 선생님의 글이 더 강력하게 다가온 것은, 작가 자신의 경험을 있는 그대로 담백하게 아무런 꾸밈없이 표현했기 때문일 것이다. 경험보다는 상상에 의존하여 이야기를 펼쳐나가는 소설보다, 자신의 경험을 있는 그대로 묵직하게 표현하는 것이 순수한 수필의 힘이 아닐까.

묵직한 경험이 상상보다 무서운 힘을 발휘하는 것은 그것이 더욱 '진실'에 가깝기 때문일 것이다. 수필의 소재는 작가가 직접 경험하고, 멀거나 가까운 과거에 겪은 실제 사건들이다. 작가의 기억과 경험이 독자의 것과 차이가 있어서 독자는 당연히 다른 의견을 가질 수 있다. 그러나 어쨌든 그 일은 작가에게 실제로 일어난 일이기에, 글을 쓰는 사람은 확신을 가지고 글의 내용을 끝까지 자기주장대로 밀고 나갈 수 있는 것이다.

중년의 나를 더 사랑할 수 있는 방법

결국 인생을 더 먼저 산 중년과 젊은 세대의 의견 차이는, 나는 많은 경험을 했고 상대방은 경험이 없다고 생각하는 데서 오는 것 같다. 중년은 어떤 사실을 경험해보았기 때문에 진실에 더 근접하다고 생각할 수 있고, 젊은 세대는 그저 상상으로만 그 일을 경험하는 것이기에 제대로 알 수 없을 것이라 판단하는 것이다. 즉 중년은 젊은 세대에 대해 경험이 없어 아무것도 모른다고 생각하고, 젊은 세대는 나이 들면 고집이 세지고 자기 생각만 주장하기 때문에 대화가 안 된다는 편견에 사로잡힌다. 이럴 때는 먼저 젊은 시절을 지나온 중년이 한 발 물러서야 하지 않을까?

중년은 젊은 시절을 지나오면서 먼저 경험을 했지만, 경험의 폭은 반드시 나이에 비례하지는 않을 수도 있기 때문이다. 젊은 세대가 나이는 어릴지라도 나와 비슷하거나 혹은 내가 전혀 해보지 못한 경험을 했을 수도 있다고 가정해야 한다. 니체는 모든 사람이 '자유 의지'를 갖고 있다고 했는데, 이러한 가정이야말로 인간의 자유 의지를 인정하는 것이 아닐까.

말년의 니체가 이탈리아의 카를로 알베르토 광장에서 마부에게 채찍질 당하는 말을 보고 그만두라고 울부짖으며 말의 목을 껴안고 쓰러졌다는 일화는 유명하다. 그는 광장에 있던 마부가 원하는 방향(진실)과 말이 원하는 방향(진실)이 다를 수 있음을 절실히 깨달았기 때문에 절규했을 것이다.

외계의 머나먼 별에서 갑자기 뚝 떨어진 E.T. 같은 50대가 아니라, 20대의 삶을 잊지 않고 살아온 50대가 되려면 어떻게 해야 할까? 이 질문에 대한 답은 40대의 니체가 카를로 알베르토 광장에서 했던 행동에서 찾을 수 있다. 니체는 비록 동물이라 하더라도 자유 의지가 있으며, 이는 존중되어야 한다고 말한다. 말의 목을 껴안고 서로의 자유 의지를 인정하듯 젊은 세대를 인정하는 중년은 그들과 허물없이 대화할 수 있다.

하물며 말 못하는 동물의 자유 의지도 존중하는 마당에, 야생마처럼 날뛰는 젊은 세대의 자유 의지를 존중하지 못할 이유는 없다. 자유 의지의 존중은 20대의 마음을 잊지 않은 중년의 나를, 그 삶의 연장선상에 있는 나를 사랑할 수 있게 해줄 것이다. 이런 마음을 간직한다면 나이 들어간다는 것이 그렇게 불안하고 그렇게 싫은 일은 아니지 않을까.

인생 1막의 끝에서
부정적 예측만 가득한 사람에게

•

39세의 무명 뮤지컬 여배우가 공연장에서 막 나온 듯한 의상에 분장도 지우지 않고, 심한 불안과 가슴 통증을 호소하며 내원했다. 이 여성은 이런 불안감이 공연뿐 아니라 인생 전반에 걸쳐 자신을 괴롭힌다며 흐느꼈다.

"저는 어려서부터 외모도 괜찮고 노래도 잘해서, 이쪽 분야로 오면 크게 성공할 거라는 말을 많이 들었어요. 그런데 막상 이 분야에 오니까, 저보다 예쁘고 노래도 잘하고 춤도 잘 추는 사람이 널려 있더라구요. 대학교 때는 주인공도 몇 번 해보고 유망주라는 이야기도 듣고 간혹 신문에 소개도 되었지만, 막상 졸업 후에는 크게 빛을 보지 못했어요.

다른 배우들 못지않게 열심히 노력하고 연습해서, 이제는 한 극단의 정식 단원이자 중견 배우가 되었지만 제가 이 분야에서 딱히 뛰어난 사람으로 인정받는 것 같지는 않아요. 사랑도 마찬가지예요. 몇 차례 연애도 해보고 결혼을 약속한 남자도 두어 명 있었지만, 결국 결혼은 못 했어요. 이제 마흔이 코앞이라, 주인공은 젊고 예쁜 여배우들이 독차지하고, 언제까지 이 일을 하며 혼자 살 수 있을지 문득 두려워져요."

아직 공연 전체가 끝난 게 아니다

그러던 어느 날 공연 1막이 끝나고 암전이 와서 어두워진 무대를 살짝 빠져나오는데, 불안감이 물밀 듯이 밀려왔다. 관객들이 잘했다고 할지, 연기와 노래가 비참한 수준이라며 자신을 비난하지는 않을지 걱정이 되면서 불안이 슬금슬금 올라오는데, 도저히 진정이 안 되었다. 가슴이 답답하고 숨쉬기 힘들었지만, 어쩌다 한 번이겠지 생각하며 다행히 그날은 잘 넘어갔다. 이런 일이 몇 번 더 반복되었고, 어떤 때는 다음 막에 오를 수 없을 정도로 몸을 가누지 못해서 뮤지컬 전체를 망칠 뻔한 일도 일어났다. 결국 오늘 1막이 끝나고 2막에 무대에 오르다 주저앉아서 병원으로 실려온 것이었다.

나는 이 배우에게 아무 이야기도 하지 않았다. 다만 한 가지 궁금한 게 있어서 물었다. "왜 꼭 1막이 끝나고 난 뒤 불안해질까요? 그러니까 왜 공연이 다 끝난 것도 아 닌데 중간에 평가를 받는다고 생각할까요?"

사실 이날은 길게 상담을 하지 못하고 공황장애 응급 처치와 약물을 처방한 뒤 일주일이 지나 다시 만났다. 일 주일 동안 하고 싶었던 이야기가 많았던 듯, 상담이 시작 되자마자 그녀는 자연스럽게 말문을 열었다.

"1막이 끝난 뒤 불안해지는 이유를 생각하다가, 문득 1막이 끝난 뒤 불안해하지 않아도 된다는 생각이 들었어 요. 뮤지컬이 다 끝난 다음에 평가를 받는 것도 괜찮겠다 고 생각했죠. 그렇게 생각을 바꾸니까 1막이 끝나고 무 대 뒤에서 잘하고 잘못한 것을 되짚어보고, 2막에서는 어떤 식으로 연기를 할지 생각하면서 공연에 더 몰입할 수 있었어요. 공연이 끝난 다음에 그날의 내 연기를 모니 터하면서, 부족하지만 만회하기 위해 노력했으니까 괜찮 다고 생각하니 실수한 것에 대해서도 위로가 되더라고 요. 제 인생 전반에서도 마찬가지였어요. 벌써 마흔인데 아직 이루지 못한 것들을 생각하면서 후회할 게 아니라, 잘한 것은 칭찬해주고 부족한 건 만회하기 위해 노력하는 게 훨씬 생산적이라는 생각이 들었어요."

1막만 평가하고 2막에 집중할 것

연극이나 뮤지컬, 오케스트라 연주는 막과 장으로 이루어진다. 축구는 전후반, 농구는 4쿼터, 배구는 5세트, 야구는 9회 등 각 종목은 각기 다른 템포로 나누어진다. 재미있는 것은 이들 예체능 활동이 저마다 다른 방식으로 나누어지지만, 연극이든 연주든 스포츠든 그것을 시작하는 1회가 있고, 다음 스텝으로 넘어가는 암전과 쉼이 있다는 것이다. 사람 사는 세상도 마찬가지다. 사람마다 자기 리듬에 맞게 서로 다른 방식으로 구획을 나누지만, 모든 사람의 인생에는 1회가 있고 1막이 있다.

시합을 뛰는 선수들은 전반전 혹은 1회나 1세트가 끝나면 후반전이나 2회, 혹은 다음 세트를 어떻게 풀어갈지 대책을 세운다. 이처럼 한 타임이 끝나고 다음 타임을 준비할 때, 잘하는 선수와 못하는 선수는 태도부터 다르다. 잘하는 선수는 한 회가 끝나면 오직 그 경기만 집중적으로 분석하고 잘잘못을 가려서 다음 회를 준비한다.

경기 전반의 승패에 대해서는 절대 선입견을 갖지 않는다. 그러나 못하는 선수는 1회 경기만 치르고도 이미 경기 전체의 끝에 가 있다. '아, 이번 경기는 이미 졌구나. 이기기 힘들 것 같아.' 이런 생각을 하며 불안해한다. 부정적인 예측과 불안이 가득 찬 상태에서는 다음 회를 위한 경기력을 끌어올리기가 쉽지 않다.

중년의 인생을 연극에 비유하자면 1막이 끝나고 2막을 시작해야 하는, 혹은 2막을 이미 시작한 단계에 있다고 볼 수 있다. 이때 중년은 인생 전반을 판단할 게 아니라, 1막만 평가하고 2막에 집중해야 한다. 비단 40~50년을 살아온 중년만이 아니다. 20대든 30대든 60대든 나이에 관계없이 자신의 삶이 현재 2막을 시작하는 지점에 있다고 생각하는 사람들은, 전체적인 결과를 예단하지 말고 1막만 분석한 뒤 객관적으로 2막을 준비해야 한다. 누구에게나 1막이 있고 1막의 결과가 우리 인생 전체를 결정하지는 않는다. 1막을 잘해왔다면 그 에너지를 유지하면 될 것이다. 1막에서 실수가 있었다면 그 때문에 불안해할 것이 아니라, 그 감정을 차단하고 2막을 준비하는 데 집중해야 한다. 누구에게나 역전의 기회가 있기 때문이다.

감정에는 나이가 없다

•

지금 내가 느끼는 감정이 소위 어른스럽지 못하다고 느낄 때가 왕왕 있다. 나이는 40을 넘은 지 오래인데, 사춘기 때나 느꼈을 법한 시기와 질투, 불안 같은 감정을 느끼고는 당황할 때가 있다.

감정이란 무엇일까? 아마도 인공지능과 인간을 구별 짓는 가장 큰 특징일 것이다. 정신과에서 인간의 생각과 감정, 인지기능을 설명할 때 가장 설명하기 어려운 것이 바로 감정이다. 솔직히 인지기능이나 생각도 설명하기 어렵기는 마찬가지다. 인지기능의 경우 기억력, 시공간 지각력 등을 숫자화하고 측정하기 편리한 조건으로 만든 것은 현대 사회에 와서야 어느 정도 가능해졌다. 생각 역시 사람이 살아가는 문화와 역사적 배경으로 판단할 때 정상인가 비정상인가를 논할 수 있을 뿐, 어떤 논리로 복잡한 생각이 만들어지는지 확실히 규명된 바는 아직 없는 실정이다.

　인지기능과 생각이 이럴진대, 하물며 감정을 어떻게 분해하고 논리적으로 설명해야 할지 답하기는 아주 어렵다. 그러나 우리는 하루에도 몇 백 번씩 감정을 느끼며, 그 감정은 너무도 쉽게 변하고 또 너무도 쉽게 표현된다.

알다가도 모를 인간의 감정

가장 흔한 예로 '기분이 좋다'는 것을 어떻게 표현할 수 있을까? 정답이 없다. 하지만 누구나 기분이 좋다는 것이 어떤 느낌인지는 안다. 우리는 이렇게 쉬우면서도 모호한 데이터를 바탕으로 일상생활을 하고, 그 느낌을 다른 사람과 주고받는다. 인공지능이 이런 모호함과 비논리성을 받아들일 수 있을까?

　인공지능은 인간이 입력한 데이터를 스스로 학습해 더 나은 확률과 정보를 생산해낸다. 그러나 '욕망'이라는 감정의 데이터는 기계에게 학습시킬 수 없다고 한다. 인간에게는 본능과 같은 '소유'나 '지배'의 의지가, 최첨단의 총화인 인공지능에게는 고도로 어려운 과제인 셈이다.

사람의 감정이란 그만큼 복잡하고 이해하기 어렵기 때문이다.

진화론적으로 인간의 뇌 구조만 살펴봐도 감정이 얼마나 독특한 것인지 알 수 있다. 감정을 주관하는 '변연계(Limbic system)'나 '기저핵(basal ganglia)'은 머리뼈, 뇌의 피질, 뇌의 백실 속 가장 깊은 곳에 고이고이 보호를 받으며 꽁꽁 숨겨져 있다. 교통사고가 나거나 외부의 트라우마를 겪어도 이 부위는 보안이 철저한 요새처럼 보호를 받는다. 그러나 아이러니하게도 외부로부터 충격적인 자극이나 새로운 자극을 받을 때, 가장 먼저 반응하는 부위가 바로 감정을 연결시키는 '편도체(amygdala)'다. 편도체 역시 변연계에 속하는 뇌 구조물이다. 인간의 감정이 흥미로운 이유는, 무질서하고 아이러니한 '무규칙의 규칙'의 지배를 받기 때문이다. 여기서 유일한 규칙은 순서나 형태를 만들지 말아야 한다는 것이다.

그런데 정말 감정은 뇌하고만 관련이 있을까? 인디언들은 감정을 표현할 때 가슴에 손을 대고 말한다고 한다. 이를 두고 어떤 학자는 인디언들은 심장에 감정, 즉 영혼이 있다고 믿는 것이라 하고, 어떤 학자는 그것이 심장만을 의미하는 것이 아니라 바로 자기 자신 전체를 의미한다고 본다.

　나는 후자의 생각에 동의한다. 만약 감정이 뇌나 심장 속에 있다면 요즘 흔히 시행되는 장기 기증은 어떻게 봐야 할까? 의학이 더 발달되어 뇌 이식이 가능해진다면, 뇌를 이식받은 사람은 기증자의 생각이나 감정을 그대로 느낄까? 심장 이식은 현재도 시행되고 있지만, 심장을 이식받은 사람이 기증자의 감정을 고스란히 느끼는 것은 아니다. 따라서 감정은 여러 가지 요소들이 우리가 알지 못하는 규칙이나 무규칙에 의해 발생하는 쉬우면서도 어려운 모순 덩어리일지 모른다. 이러한 모순적인 특성이 같은 상황에서도 사람마다 감정이 다른 이유가 되기도 한다. 감정이란 이렇게 복잡하다.

지금 느끼는 감정에 솔직해도 괜찮다

기술과 의학의 발달로 100세 인생은 이제 꿈이 아닌 현실이 되었고, 요즘의 40~50대는 신체적으로나 감정적으로 과거의 40~50대와는 전혀 다른 방식으로 살아간다. 요즘은 중년에 이르러서도 젊은 감각과 자유 의지, 솔직한 감정을 자연스럽게 표현하는 사람이 많다. 니체는 "초인은 지성과 긍지로 가득 찬 사람이며, 넘치는 생명력으로 끊임없이 스스로의 한계에 도전하며 더 높은 곳으로 자신을 끌어올리는 사람"이라고 말했는데, 요즘 중년의 이러한 면모는 초인을 닮아 있다고 할 수 있다.

영화 〈007〉 시리즈는 럭셔리한 자동차, 매력적인 남녀 배우, 스타일리시한 액션 등 화려한 볼거리로 유명하다. 내가 이 시리즈를 보면서 가장 신기하게 여긴 것은 여배우도, 자동차도, 20년을 앞서간 최첨단 무기도 아니었다. 제임스 본드를 연기한 배우가 실제 나이는 60세여도 40대의 느낌을 준다는 것이었다. 패션이면 패션, 액션이면 액션, 러브신이면 러브신 모든 면에서 촌스럽거나 할아버지 같지 않은 진짜 40대처럼 보였다. 주인공은 나이가 들면서 더 강해지고 똑똑해지고 섹시해지며, 나이 차가 점점 벌어지는 여자 주인공과 사랑을 즐기는 장면에서도 전혀 어색함이 없었다(뭇 남성들의 로망이다!).

평균수명이 60세이던 시대의 50세는 이제 인생을 접고 마무리하며 마지막 10년을 보내야 했기에 엔딩을 향해가는 시기였다. 반면 100세 시대의 50세는 인생의 2막을 열어야 하는 새로운 무대의 시작을 알리는 나이다. 이들은 가진 게 없던 인생의 1막에서보다 더 여유로워졌다. 경제적으로나 경험의 측면에서 성공으로 가는 길을 알려주는 내비게이션도 장착하고 있다. 이들은 이제 소비할 수 있는 여유가 있다.

기반이 없는 20대는 어디로 가야 할지 모르는 채로 1막이 오르기를 기다리며 불안하게 서 있기 때문에 소비할 여유가 없다. 1막의 마지막 장을 준비하는 사람들도 다음 세대에 가진 것을 넘겨주어야 한다는 의무감 때문에 소비는 어려운 일이다. 그러나 2막을 시작하는 시점에 있는 사람들에게는 소비가 곧 투자다. 1막을 진행하면서 받은 스트레스를 해소하거나, 2막을 시작하는 오프닝 파티를 위해서라도 소비를 한다.

언젠가부터 '50+0'라는 말이 낯설지 않게 되었다. 이 표현은 특히 비즈니스 분야에서 흔히 쓰인다. 늙지 않은 50대, 인생을 즐기는 새로운 인류가 각광을 받으면서 비즈니스 타깃으로 떠오르고 있다. 50대 남성에게 30대의 스키니 진과 60대 스타일의 배기 바지를 제안하면 그는 스키니 진을 선택한다. 실루엣이 드러나는 스키니 진을 입고 돌아다녀도 사람들은 혐오스런 시선으로 바라보지 않는다.

몇 년 전부터 '어린애 같은 취미를 지닌 성인'이라는 뜻의 '키덜트(kidult)'라는 말이 유행하기 시작했다. 어릴 적에 사고 싶어도 돈이 없어서 사지 못한 장난감을, 어른이 되어 스스로 번 돈으로 마음껏 사고 어린 시절의 향수를 느끼면서 그때의 한을 푼다는 기사를 본 적이 있다. 지금 내 연구실에도 스타워즈 시리즈 블록이 한가득 전시되어 있다. 요즘은 어른들도 이런 장난감을 남들이 유치하다고 생각할까 봐 숨겨놓지 않고, 엄연히 하나의 취미로서 보란 듯이 과시한다. 지금 우리 사회는 이런 식으로 또 다른 변화를 만들어가고 있다.

어찌 보면 '50+0' 세대는 니체가 말한 인생의 마지막 발달 단계에 해당하는 '어린아이' 단계일지 모른다. 주위에서 만들어놓은 의무감에 묵묵히 어려움을 헤쳐 나가야 하는 낙타의 단계도 아니고, 경쟁과 싸움에서 승리하여 내 의지를 표명하며 적응해야 하는 사자의 단계도 아니다. 내가 살아온 경험과 쌓아 놓은 물질적, 심리적 자산을 밑거름 삼아, 본격적으로 '내 인생을 살아가야 하는 시기'가 펼쳐지는 것이다.

어린아이들은 세상의 규칙을 따르기보다 스스로 규칙을 만들어 나간다. 그 규칙은 몇몇이 합의하여 금방 바뀌기도 한다. 그럼으로써 내 마음대로 '놀이' 자체를 즐기는 것이다. '어린아이' 단계에 들어온 50+0 세대는 이제 스스로 규칙을 만들어 놀이를 즐길 수 있다. 다만 이 세대는 인생의 경험을 통해 무엇이 좋고 나쁜지 알고 규칙을 정한다. 무분별한 규칙을 정해 패망의 길로 가는 무모한 '유희'를 즐기는 일은 하지 않는다. 그러니 괜한 걱정을 할 필요는 없다.

니체는 모든 것을 초월해 자신의 자유 의지를 즐기고자 하는 사람을 위버멘시, 즉 초인이라 했다. 나는 100세 시대에 1막의 노력과 경험을 집대성해 2막에 뛰어든 세대를, 니체가 이야기한 '위버멘시'라는 말을 응용해 '위버 50+0'이라 칭하고 싶다.

중년이 되면 아버지 세대처럼 생각하고 행동해야 한다는 강박에서 벗어나자. 스스로 나잇값 못 한다며 자책하고 불안해하지 말자. 지금 내가 느끼는 감정들을 솔직하게 받아들이면서 조금 더 편안하게 내 인생을 살아도 된다. 우리에겐 그럴 만한 자격이 있다.

다가올 미래를
두려워하지 않을 방법

•

우리나라만큼 학원이 많은 나라가 또 있을까? 요즘엔 직장인도 퇴근 후 학원 다니기에 열심이다. 중·고등학교 때 족집게 학원의 위력을 신봉하던 우리는 다른 사람이나 강력한 절대자가 '이것이 진리다'라고 하면 묻지도 따지지도 않고 믿었다. 영어는 이렇게 공부하고, 수학은 저렇게 공부하고, 과학은 이렇게 생각하는 것이 좋은 점수를 얻는 비결이라고 하면 그대로 믿어온 것이다.

어른이 된 이후에도 묻지도 따지지도 않는, 요령 있는 절대자에 대한 신봉은 계속된다. 면접에 필요한 자기 소개서 쓰는 법을 가르치는 학원은 이미 오래전부터 성황을 이루었고, 프레젠테이션 강의 학원, 신혼부부에게 혼숫감 골라주는 코디네이터, 시어머니에게 잘 보이는 방법을 알려주는 문화센터 강좌, 직장 상사의 눈에 드는 법을 강의하는 학원도 생겨났다.

자신의 감각과 생각으로 자기만의 인생과 문화를 만들어가야 하는 순간에, 우리는 '절대자'가 '승리한다'는 원칙을 생각한다. 내 경험을 투자하고 내 감정을 소비하여 내 인생의 변화를 능동적으로 만들기보다는, 절대자(전문가)가 선포하는 '진리'에 수동적으로 의지한다. 그것을 통해 자신이 바뀌었다고 해도, 진정한 변화라고 할 수는 없다.

변화의 앞에서

H선수는 고등학교 시절 이미 아마추어 골프 수준을 뛰어넘었고, 성인이 되면 정식으로 프로에 데뷔할 날만을 손꼽아 기다리고 있었다. 뛰어난 신체 조건, 강인한 승부욕, 타의 추종을 불허하는 운동 능력 등의 미사여구는 H선수에게 전혀 어색하지 않은 수식어였다. 하지만 이 선수가 프로에 입단하려면 단 한 가지 바꿔야 하는 것이 있었다. 부상을 방지하고 위기 때 실수를 줄이기 위한 간결한 스윙이었다. 지금의 스윙은 아마추어에서는 통하지만, 프로에서 성공하기 위해서는 꼭 이 자세를 바꿔야 했

다. 이 선수는 8년째 같은 말을 듣고 있다. 여전히 과거에는 훌륭한 선수였는데 지금은 유망주이고, 누구든 이 선수를 보면 스윙 폼만 간결하게 바꾸면 성공할 선수라고 하는 것이다.

선수 자신도 폼이 크고 간결하지 못하다는 것을 안다. 하지만 바뀐 폼으로 스윙을 하고 나면 꼭 경기를 포기하는 느낌이 들었다. 간혹 바꾼 폼으로 실수라도 하면, 원래 자기 폼대로 했어야 한다는 후회가 경기 내내 그의 마음을 사로잡아 경기를 망치곤 했다. 8년간 세 명의 티칭 프로를 만나 스윙 폼을 네 번 바꿨다. 여전히 몸에 맞는 폼을 찾지 못했고, 지금은 8년 전의 스윙 폼으로 아마추어-프로 오픈 대회에 출전하거나 골프를 가르치며 그럭저럭 생활하고 있다.

자연의 세계에서 변태를 하는 모든 생물은 수동적으로 변화하지 않는다. 자신이 능동적으로 허물을 벗고 세상 밖으로 나오며, 껍질을 깨고 세상과 만난다. 그것이 니체가 자연에서 만난 '진리'다.

니체 이전까지 '진리'는 영원히 변하지 않는 것이며 늘 옳은 '존재'였다. 하늘에 계신 위대한 신이 비를 내리고, 빛을 비추어 먹을 것을 제공하고, 아름다운 사계절과 튼

튼한 나무로 보금자리를 제공해주었다. 이렇게 신은 당연히 섬겨야 하는 존재로 여겨졌고, 니체 이전에는 그 누구도 '진리'나 '진실'에 의문을 제기하지 않았다. '변화'라는 것은 현재가 아닌 과거나 미래의 허상이나 가상으로 여겨졌다.

하지만 니체 철학에 이르러 이 생각은 변모한다. 주변 환경과 역사, 시대 상황에 맞게 탈바꿈하는 '변화'가 곧 진리이고, 과거 한곳에 고정되어 있던 '존재'가 곧 가상이 된 것이다. 일찍이 고대 그리스의 철학자 헤라클레이토스는 "만물은 계속하여 전환 및 생성되므로 변화야말로 세계의 진리다"라고 말한 바 있다.

프로로 넘어오기 전 H선수는 소위 잘나가고 촉망받는 운동선수였지만, 그 모습은 '진리'가 아닌 과거의 '허상'이었다. 변화를 거부했건 아니면 변화에 실패했건, 잘못된 폼으로 그럭저럭 프로에 적응하려던 그 모습이 그에게는 '진리'였던 것이다. 변화 앞에서 망설인 H선수의 마음은 아무리 좋은 프로 골퍼가 좋은 폼을 건의해도 그것을 받아들이지 못했다. '내가 이 큰 스윙을 버려서 비거리가 짧아지면, 나는 아무런 특징 없는 평범한 프로 선수가 될 거야. 누가 뭐래도 나는 이 스윙으로 계속 밀고 나갈 거야. 지난번 경기도 망쳤는데, 폼을 바꿔서 이번 경기마저 망쳐버리면 난 못 견딜 거야.' 그의 머릿속에서 이런 생각이 작동한 것이다.

니체는 "내가 태어나는 순간 나는 내 삶을 실험할 수 있는 권리를 가지고 태어났다"고 말했다. 또 "현대인은 아무런 별도 품고 있지 않을 뿐 아니라, 새로운 별을 잉태할 수도 없다. 꿈을 동경하기보다 눈앞의 행복을 추구한다"고도 했다.

H선수는 눈앞의 경기와 성적에 급급해 프로 골퍼로서의 큰 꿈을 꾸지 못했다. 실력과 체격은 훌륭한 프로 골퍼가 되기에 모자람이 없지만, 어떻게 기다리고 어떤 희생을 하며 어떤 꿈을 꾸어야 하는지에 대한 '별'이 마음속에 없었다. 자기 몸의 한계나 능력을 실험적으로 평가해볼 권리를 누리지 못한 것이다. 체구가 크니 힘으로 쳐야 한다는 강박관념은 큰 스윙을 고집하게 했고, 그로 인해 다른 선수들보다 관절과 근육의 손상이 훨씬 잦았다.

무엇보다 H선수는 어렸을 때는 다른 선수들에 비해 체구가 컸지만, 20대 후반의 중견 골퍼가 된 지금은 다른 선수들과 비슷한 수준이다. 후배들도 대체로 체구가 크다 보니, 체구는 H선수만의 캐릭터가 되지 못했다. 2000년대 초반에는 큰 체구와 호쾌한 타구로 승부했지만, 2000년대 중반에는 시대의 흐름에 맞게 자신의 스타일을 준비하지 못했다. 니체의 시각으로 보자면 자신의 삶을 실험할 권리를 충분히 활용하지 않은 것이다. H선수가 2000대년 중반에 올려다본 하늘에는 2000년대 초반에 보았던 것과 다른 '별'이 떠 있어야 했다.

니체는 이것을 자기 극복의 의지를 잃어버린 '최후의 인간'이라고 설명했다. 성적이라는 틀에 갇혀 자신이 가지고 있는 특기와 개성을 살리지 못하고 결과에만 집중한 H선수도 이와 같다고 할 수 있다. 마음의 별을 품는 것이란 자신의 특기와 개성을 적극적으로 이용하고 그 결과를 예상하는 행동이다. 반면 변화를 예측하지 않고 아무런 계획 없이 우연한 결과를 기다리는 사람은 최후의 인간이라 할 수 있다.

지금 내 상태부터 면밀히 파악하자

나는 의과대학에서 학생들에게 뇌를 가르치고 있다. 매

년 같은 학년을 가르치는데, 수업이 있기 몇 달 전에는 최신 외국 교과서도 챙겨보고 논문도 읽어서 반드시 업데이트 된 '뇌'를 가르치겠노라고 다짐한다. 그러나 강의에 진료에 자문까지 여러 일을 하다 보니, 강의 내용을 담은 USB에는 작년에 했던 것과 같은 강의록이 들어 있다. 심지어 3~4년 동안 거의 바꾸지 않은 적도 있다. 당시에는 게으른 나 자신을 자책하지만, 이내 '뇌의 기초는 늘 똑같지 뭐, 학생들에게는 기초가 중요하지 업데이트 된 내용은 그리 중요한 것이 아니야'라며 자책감을 비논리적으로 합리화한다. 부끄럽지만 고백컨대, 내 모습은 자기 극복의 의지를 잃어버린 '최후의 인간'의 전형인 것이다.

10년 전 나돌던 족보만 공부해도 좋은 성적을 받을 수 있는 과목의 교수, 이 선수에게나 저 선수에게나 하는 이야기가 똑같은 감독, 벌써 제대한 지 2년이나 지난 군대 이야기를 술만 마시면 꺼내는 선배, '내가 젊었을 때는…'으로 시작하는 이야기를 무한 반복하는 옆집 아저씨. 우리는 이들이 가을밤 반짝이는 하늘의 별과 같은 희망을 이야기한다고 느끼지 않는다. 몇 년 동안 옷장 속에 처박아놓고 있다는 사실도 망각해버린 낡은 외투 같은

춤추는 별을 잉태하려면
반드시 스스로의 내면에 혼돈을 지녀야 한다.

-니체

느낌이랄까.

내 인생도 마찬가지다. 돌이켜보면 나는 과거에 꿈꾸던 목표를 이루어 지금의 나로 살고 있다. 대학을 나오고 직업이 생겼고, 돈을 벌고 가정을 꾸렸다. 그러나 과거 혹은 현재에 머물러 앞으로 미래를 살아갈 에너지가 될 꿈을 꾸지 않는다면 불안해질 것이다. 그래서 '지금 잘살고 있는 것일까? 지금쯤이면 뭔가 이루었어야 하는데…'라며 지금의 나에게 나라는 존재에 대해 계속 일깨우고 경고한다. 전환이나 변화가 없는 삶을 허구한 날 반복하고 있다면 불안만 가중된다. 행복한 하루를 보냈어도 행복을 느끼지 못한다. 새로운 별(미래의 희망)을 잉태하지 않고 있다면….

그렇다면 새로운 별을 어떻게 품어야 할까? 나이에 상관없이 내 의지와 욕망이 어떤 상태, 어떤 위치에 있는지 파악해야 한다. 앞서 언급한 것처럼 니체는 내 의지와 욕망의 상태를 재미있는 비유를 들어 설명했다. 바로 낙타, 사자, 어린아이의 비유다. 이를 다시 한 번 살펴보자.

낙타의 단계는 주위에서 만들어놓은 의무감에 묵묵히 어려움을 헤쳐 나가야 하는 시기다. 사자의 단계는 경쟁과 싸움에서 이겨 내 자유 의지를 표명하며 적응해야 하는 시기다. 어린아이의 단계는 내가 살아온 경험과 쌓아 놓은 물질적, 심리적 자산을 밑거름으로 본격적으로 내 인생을 살아가야 하는 시기다. 지금 내 상태를 면밀히 파악하고 '자유 의지'를 가지고 마음의 별을 품는 것이, 늦은 나이에 가장 소중한 것을 포기하면서도 새롭게 가져야 하는 가치가 아닐까.

은퇴 이후 행복한 사람들의 특징

인공지능, 100세 시대, 자율주행, 가상현실, 4차 산업혁명 등은 우리 시대를 특징짓는 말이지만 어떤 의미에서는 우리를 불안하게 만들기도 한다. 이세돌이나 커제 같은 바둑 천재들에게 승리를 거둔 인공지능이 인간을 지배하는 것은 시간문제일 것이라는 시각도 있다. 언론은 "인공지능 시대, 앞으로 5~10년 내에 사라질 직업" 같은 기사들을 내보내 불안을 부추긴다.

조기 은퇴가 우리 사회의 문제로 대두된 것도 벌써 수년 전이다. 마냥 일손이 귀하고 일자리가 남아돌아 대학만 졸업하면 어디든 골라서 갈 수 있는 시대가 언제였던

가. 대학 도서관에는 신입생 때부터 취직을 준비하는 학생들로 빈자리를 찾기 힘들다. 회사에서는 40세가 넘으면 '내가 이 일을 언제까지 할 수 있을까' '이거 아니면 할 줄 아는 게 없는데 어떻게 하지'라는 불안감이 밀려온다. 직장에 다니고는 있지만 불안한 미래 때문에 스트레스를 받고, 그렇게 한탄하는 동안 후배들이 치고 올라오니 더 빨리 직장에서 밀려나지는 않을까 노심초사한다.

프로 스포츠 세계에서도 20~30대의 한창 나이를 지나 30대 후반이 되면 많은 선수들이 은퇴를 준비한다. 운동선수들은 일반 직장인들보다 이른 나이에 은퇴하기 때문에, 대부분 일찍부터 나름대로 은퇴를 준비한다. 그러나 20대부터 준비한 선수와 30대 후반에 준비한 선수는 결과를 놓고 볼 때 많은 차이를 보인다.

흔히 프로 스포츠 선수들은 은퇴 후 같은 종목의 코치나 감독 등 관련 업계에서 일하는 것이 다반사다. 이때 평소에 어떤 코치나 감독이 되어야겠다고 오랜 시간 진지하게 고민한 사람과 막연히 그 자리에 오르게 된 사람은 선수들을 대하는 태도부터 시작하여 가르침의 깊이가 다르다. 이에 따라 선수들이 그들을 받아들이는 정도도 달라진다. 후배들이 받아들이는 정도에 따라 코치가 된

노장 선수의 행복 지수도 당연히 차이가 난다.

많은 시간 고참 선수나 형으로 지내던 사람이 올해부터 코치로 선수와 관계를 맺는다고 하자. 어떻게 대해야 할지는 선수뿐 아니라 코치도 잘 알지 못한다. 선수들은 과거 든든한 고참 선수의 역할을 바라기도 하지만, 또 어떤 때는 코치로서 권위를 요구하기도 한다. 오랫동안 준비하고 고민한 코치는 이 순간을 잘 넘기지만, 섣부르게 이 자리에 선 코치는 적응 기간이 길어지면서 서로에게 힘든 존재가 된다.

우리 주변에서도 간혹 그런 사람들을 볼 수 있다. 예를 들어 회사에서 35년간 인사부에 있었기 때문에 장사에는 전혀 소질이 없을 것 같은 사람이 커피 전문점 사장으로 성공하는가 하면, 바이올린을 전공했지만 아이들 키우느라 거의 10년 넘게 바이올린에서 손을 놓은 여성이 다시 바이올린을 시작해 유명 레슨 선생님이 된 경우도 있다. 잠재되어 있던 이들의 능력이 다시 발휘되는 데는 아마도 '준비'라는 공통점이 있을 것이다.

누구나 준비를 하고 있는 것 같지만, 실질적으로 제대로 준비하는 사람은 별로 많지 않다. 대부분은 지금 사정이 허락하는 대로 몸을 맡기고 편하니까 거기에 만족한다. 반면 준비하는 사람은 이 흐름에서 약간의 불편함을 느끼고 그것에 대처하려 한다. '여기에서 만족하면 안 돼…'라는 작은 채찍질에서 시작해, 가벼운 관심과 흥미를 좀 더 강도 높은 노력으로 이끈다. 결정적인 시기가 되면 과감하게 결단을 내리기도 한다.

문제는 인공지능이 아니다

인공지능의 발전으로 많은 직종이 앞으로 몇 년 내에 사라질 거라고 하지만, 모든 사람이 그런 직종에 종사하는 것은 아니다. 또한 무조건 인공지능 기술을 거부하는 것도 시대를 역행하는 태도다. 인공지능이 우리의 일상으로 깊숙이 들어온 지금, 인공지능이 인간을 위협하는 존재라고 규정하기보다는 우선은 현실을 받아들여야 한다.

　TV나 자동차, 카메라가 처음 등장했을 때를 생각해보자. 자동차가 처음 나왔을 때도 더 이상은 말과 함께 지낼 수 없을 거라며 사람들은 거부감을 보였다. 카메라가 발명되었을 때는 사진을 찍으면 인간의 영혼을 빼앗긴다고 해서 두려워했다. TV가 미국에서 호황을 누리던 시절에 사람들은 TV를 바보상자라고 부르며 아이들이 보지 못하게 온갖 방법을 동원했다. TV를 장 속에 넣고 자물쇠로 문을 잠그는 경우도 있었다.

인공지능 역시 시대의 흐름을 받아들이되, 자신의 기준에 따라 득실을 따져 취할 수 있는 것은 적극적으로 취하고 버릴 것은 버리면 된다. 그 기준은 옛것이든 현재의 것이든 상관없다. 그러나 있는 그대로를 받아들이지도 않고, 옛 기준을 적용해 선입견을 고집하고, 그런 선입견을 남에게까지 강요하고 선동하면서 자신의 권위를 내세우는 것. 이것이 이른바 '꼰대짓'이다. 요즘 예능에 등장하는 유행어를 몰라서 젊은이들의 언어를 이해하지 못한 채 나무라기만 하는 사람이 꼰대가 아니다. 과거에 묶여 자신을 스스로 변화시키고 발전시키려 하지 않고, 자기 수중에 있는 것만 지키려 하는 사람이 꼰대다.

이처럼 새로운 문명이 처음 등장할 때 인간은 그에 대한 경외심을 불안으로 표현한다. 그것은 자신이 이 세상에 적응하며 여태껏 쌓아온 과거의 노력과 삶이, 절대 권력을 가진 새로 창조물에 의해 없어지지 않을까 하는 소멸에 대한 불안에서 비롯한다.

하지만 새로운 문명은 태풍과 같아서, 새 문명을 받아들이고 발전시키지 않으면 고여 있는 문화에 의해 오히려 인류를 멸망의 길로 이끌지도 모른다. 태풍은 전 세계 곳곳에 막대한 피해를 끼치지만, 공기와 바다의 상층과 하층을 섞어 정화 작용과 순환 작용을 한다. 이 때문에 태풍이 없다면 인류가 더럽힌 지구의 상태가 더 나빠질 수도 있다.

특정한 상황에서 불안감을 느끼는 것은 그 상황에 대처하는 능력이 미숙하기 때문이다. 이럴 때는 누구나 예민해질 수밖에 없다. 자신의 무기가 전쟁에서 이길 만큼 완벽하지 못하다는 걸 누구보다 잘 알고 있기 때문이다. 따라서 '완벽한 준비'를 했을 때 우리는 심리적 안정감을 얻을 수 있다.

제대로 노후를 준비하는 법

나는 불안감을 호소하는 사람들에게 무턱대고 자신감을 가지라고 충고하지 않는다. 대신 위기 상황에 대비해야 할 것들을 짚어보며 함께 대화를 나눈다. 무엇을 준비해야 할지 모르기 때문에 더 불안한 것이다. 이럴 때는 긍정적 예측보다는 부정적 예측을 더 강하게 하게 된다. 자신이 무엇을 준비해야 하는지 아는 것만으로도 두려움을 물리칠 수 있다. 그것이 두려움을 극복하기 위해 가장 먼저 갖춰야 할 무기다.

많은 사람들이 준비 과정에서 불안해한다. '내가 지금 제대로 준비를 하고 있는 걸까? 이렇게 준비하면 성공할 수 있을까? 얼마나 더 준비해야 할까?' 등 정작 준비 과정에 집중하지 못하면서 결과를 미리 예측하고, 그에 대한 불안과 두려움을 느끼는 경우가 있다.

선수들도 마찬가지다. 선수들은 많은 시간을 시합을 위해 투자한다. 뛰어난 선수는 '시합 전 준비'만 놓고 봐도 평범한 선수와는 다르다. 실질적인 준비는 '시합 전'부터가 진짜인 셈이다. 평범한 선수들은 시합을 잘해야겠다는 마음에, 다짐을 하고 일기를 쓰고 연습을 한다. 그러나 마음가짐, 행동, 신체적인 면에서 효율적으로 준비하지 못하기 때문에 막상 본 게임에서는 실력 발휘를 제대로 못 한다. 뛰어난 선수들은 단계별로 준비 상황을 늘 확인한다.

야구선수의 경우 시합을 위한 준비 단계는 대략 이렇

게 나누어진다. 경기장에 도착하기 전과 후, 시합 전 몸풀기, 배팅 연습, 수비 연습, 실전. 이렇게 단계를 구분하는 이유는 각 단계마다 하는 운동이 다르고, 우리 몸도 거기에 맞춰 반응하기 때문이다. 마음가짐도 마찬가지다. 경기장에 들어설 때부터 무턱대고 '오늘은 잘해야지' 하고 생각하는 것은 앞서 이야기한 각 단계의 준비 과정에서 집중력을 떨어뜨릴 수 있다. 따라서 먼저 단계를 나누고, 각 단계의 훈련 내용과 몸의 반응에 따라 심리적인 면에서도 달리 대비하는 것이 좋다.

뛰어난 선수들은 준비 기간 내내 불안해하지 않고, 비교적 단순하고 긍정적인 방향으로 결과를 예측한다. 반면 실력에 비해 실전에서 성적이 저조한 선수들은 준비 과정에서 다양하고 복잡하게 결과를 예측한다. 대부분 부정적인 결과를 예측하고, 그것과 관련해서 일어날 수 있는 모든 안 좋은 일들을 상상한다.

은퇴에 대한 불안을 없애는 방법 역시 제대로 준비하는 것이다. 너무 진부한 제안일지도 모르지만, 막상 제대로 준비하는 사람이 드물기 때문에 강조하는 것이다. 취업을 준비하는 사람, 은퇴와 노후를 준비하는 사람이 일할 때나 공부할 때나, 1학년 때나 4학년 때나 똑같은 목표를 갖는다면 당시에는 마음의 위안을 얻겠지만 불안은 사라지지 않을 것이다.

은퇴에 대한 불안이 큰 사람들과 이야기를 하다 보면, 본인들이 모르고 있을 뿐 그들은 지금 하는 일은 물론이고 다른 어떤 일도 해낼 수 있는 능력이 있다는 걸 새삼 깨닫는다. 현재 자신의 위치를 파악하고 세상의 변화에 맞는 준비를 한다면, 성취감과 자신감이 어우러져 올바른 길을 걷고 있다는 자기 확신이 생길 것이다.

스포츠 세계를 두고 어떤 사람은 신인은 멋모르고 덤비니까 쉬울 거라고도 하지만, 잘 모르고 하는 소리다. 무지의 용감함보다는 미지의 불안감이 더 크다.

미지의 불안이 고민이라면 우선 내가 무엇이 부족한지 자신의 위치부터 파악해야 한다(다소 직설적으로 말하자면 주제파악이라 할 수 있다). 그래야 불안과 공포를 피하든 극복하든 할 수 있지 않을까?

아직도 자신을 몰아세우고 있다면

●

2018년 영화 〈보헤미안 랩소디〉가 개봉한 뒤 사람들은 다시 그룹 퀸의 프레디 머큐리에게 열광했다. 그러한 열풍을 보면 지금은 마이너의 화려한 성공을 즐기는 '마이너의 전성시대'라 해도 과언이 아니다. 영화가 흥행한 데는 여러 이유가 있겠지만, 마이너로서의 프레디 머큐리의 삶을 조명한 것이 큰 역할을 하지 않았을까 짐작해본다. 그는 인도계 영국인이며 소수 종교인 조로아스터교 신자였고 성 소수자였다. 어느 모로 보나 누구도 부인할 수 없는 마이너였던 것이다.

마이너의 사전적 의미를 보면 '중요치 않은 것, 이류, 미성년자'를 뜻하며, 일반적으로는 '특정 개념에 관심을 주는 이가 너무 적어서 다른 개념에 비해 관심을 받지 못하고 묻히는 것'을 의미한다. 스포츠에서는 주 무대를 '메이저'라고 일컫고, 주 무대에서 뛰지 못하는 선수들을 일컬어 '마이너' 선수라고 한다. 마이너 선수가 열심히 해서 메이저 선수가 되는 것은 모든 선수의 꿈이며, 이를 지켜보는 팬들은 대리만족을 느낀다.

2018 평창 동계 올림픽에서 금메달의 유무와 상관없이 가장 많은 관심을 받은 종목은 컬링이었고, 선수로는 단연 '영미'였다. 박항서 감독은 동남아 축구 스즈키 컵 우승, 아시안 게임 4강 진출로 베트남의 축구 영웅이 되었다. 그는 화려한 스포트라이트에서 살짝 비껴 있다가 한국 축구의 중심으로 우뚝 선 지도자다. 중년에 접어든 많은 이들이 이런 마이너의 성공을 보며 대놓고 크게 환호성을 지르지는 못해도 가슴 속으로 응원하며 깊이 감동했다.

메이저가 아니면 모두 마이너?

마이너의 카타르시스를 일으킨 감동적인 인물이 또 하나 떠오른다. 전직 프로야구 선수 '감사용'이다. 한국 프로야구 초창기에 패배를 밥 먹듯 하는 팀이 있었으니, 바로 '삼미 슈퍼스타즈'라는 야구팀이다. 첫 프로야구 시즌은 여섯 개 팀으로 시작했는데, 그중 삼미 슈퍼스타즈는 다른 다섯 개 팀과 전력 차이가 너무 커서 승패를 따질 수 없을 정도로 뒤처지는 팀이었다. 감사용은 팀이 지고 있을 때 나가서 공을 던지는 삼미 슈퍼스타즈의 패전 처리 전문 투수였다. 이렇게 에이스도 아닌 감사용 선수의 실화를 바탕으로 만든 영화가 〈슈퍼스타 감사용〉이다.

한국 프로야구의 두 전설적 투수 최동원과 선동렬의 역대급 경기를 소재로 한 〈퍼펙트 게임〉이라는 영화도 있다. 하지만 〈슈퍼스타 감사용〉에 더 마음이 끌리는 데는 다 이유가 있다.

〈퍼펙트 게임〉이 성공을 향해 달리는 대등한 두 스타의 대결을 그렸다면, 〈슈퍼스타 감사용〉은 페넌트 레이스 1위 팀의 에이스 투수 박철순과 꼴찌팀의 패전 처리 전문 투수 감사용의 대결을 '승자'와 '패자'가 맞붙는 구도로 그리고 있기 때문이다. 이 구도로 볼 때 대결의 승부는 이미 정해진 것이나 다름없다. 하지만 우리가 이 영화에 끌리는 이유는 패자가 승자를 이길지도 모른다는 불가능에 대한 희망을 넘어, 지금은 패자일지라도 미래에는 승자가 되어 있을 우리에게 위로와 응원의 메시지를 보내고 있기 때문이 아닐까. 그래서 중년이 되어 다시

본 이 영화가 잔잔하지만 더 깊은 감동으로 다가왔는지도 모르겠다.

　이런 영화들이 특히 우리 40~50대에 강하게 어필하는 이유는, 어려서부터 마이너가 되면 안 된다는 교육을 많이 받아서일 것이다. 중간은 없고, 메이저가 아니면 모두 마이너가 되는 상황에서 우리는 마이너로 몰리기 일쑤였다. 마이너라는 낙인이 찍히면 설 자리가 없다는 것이 가장 힘든 점이다. 그뿐 아니라 마이너이기 때문에 서툴고 자꾸 실패하는데, 이 실패를 만회하기 위해 연습할 물리적, 시간적, 심리적 공간을 가져본 적도 없다.

　학교는 공부 잘하는 우등생들만 인정해주는 곳이고, 운동장에서도 운동을 잘해야 친구들 사이에 낄 수 있었다. 마음의 여유를 즐기러 가는 노래방에서조차도 노래깨나 해야 마이크를 잡고 서 있을 수 있는 게 현실이었다. 돌이켜보면 거의 모든 것이 성공을 연습해야 하는 곳이었다. 학교에서 시험을 치르건, 미술 대회에 나가건, 아마추어 태권도 대회에 출전하건 목표는 번쩍이는 금메달이었고, 메달을 목에 걸고 부모님과 사진을 찍는 모습을 상상했다.

중년이 된 지금은 가정이나 사회에서 혹시 내 자식들이나 후배들이 나를 마이너로 여기지나 않을까 노심초사한다. 내가 지금 메이저와 마이너 중 어느 무대에 서 있는지도 잘 모르겠다. 나는 마이너리거인데 메이저리그에 와 있는 거라면 어떻게 해야 할까?

기량을 입증했으니 지금 이 자리에 있는 것

프로 스포츠 선수들의 경우를 살펴보자. 이들은 마이너리그에서 메이저리그로 올라왔을 때 엄청난 불안감에 시달린다. '메이저리그에는 엄청난 선수들이 뛰고 있고, 나는 여기서 잘 못하면 다시 마이너리그로 내려가야 할 수도 있어. 과연 내가 버텨낼 수 있을까? 그러려면 훨씬 더 좋은 성적을 내야 해.' 이런 생각을 하다 보면 부담감이 높아지고 그것이 성적에 영향을 미쳐, 결국은 스스로를 마이너리그로 내려보내는 결과를 낳는다.

선수들과 이야기를 나눠보면 '잘 하려고 메이저리그에 온 게 아니라, 잘 하니까 메이저리그에 온 것'이라는 말을 가장 많이 한다. 메이저리그는 매 경기가 중요하고 한

번의 승패로 팀의 운명이 좌우되는 곳이다. 따라서 마이너리그 선수의 안위나 정에 이끌려 선수를 기용하지 않는다. 그 선수가 마이너리그에서 충분히 기량을 입증했고, 메이저리그에서도 통할 수 있다고 감독이나 구단 관계자가 판단했기 때문에 그런 결정을 내린 것이다. 그러니까 마이너리그에서 하던 대로만 하면 되는 것이지, 더 잘하는 모습을 보이려고 부담을 가지면 오히려 역효과가 날 수 있다.

다시 우리 이야기로 돌아오자. 40년 이상을 살아온 우리는 이제 마이너에서 산전수전 다 겪고 메이저에 올라온 '인생의 메이저리거'라 할 수 있다. 이때 불안감을 가지고 '다시 마이너로 떨어지면 어떻게 하지? 그러지 않으려면 여기서 무조건 잘해야 해'라며 자신을 몰아세우면 스스로를 마이너리그로 떨어뜨리는 셈이 된다.

잘 살려고 40대가 된 게 아니라 이제껏 잘 살아왔기 때문에 40대가 된 것이다.

성공보다 삶의 목표를

•

지금의 중년은 특히 어려서부터 마이너가 되면 안 된다
는 교육을 받고 자랐다. 성공은 옳고 실패는 그르다는 말
도 귀에 못이 박히도록 들었다. 그런데 성공이라는 것이
참 모호하고, 삶의 목표와 반드시 일치하는 것도 아니라
는 걸 조금씩 깨닫게 되는 순간이 있다.

성공 신화를 이뤄야 한다는 강박에서 벗어나기

외국에서 열리는 학회에 참석하거나 내가 관심 있는 분
야의 학자를 만나기 위해 비행기를 타는 시간은 원 없이
영화를 볼 수 있는 시간이다. 비행기는 시리즈물을 10시
간 넘게 연달아 보고 있어도 핀잔을 줄 사람이 없고, 혼
자 영화를 즐길 수 있는 최고의 시간적·물리적 공간이

다. 물론 영화를 잘못 선정해서 10분 정도 보다가 다른 영화를 틀거나, 드라마를 봤다가 다큐멘터리를 봤다가 시간 가는 줄 모르고 채널을 돌리고 있는 내 자신을 발견하는 때도 있기는 하다.

유난히 지루하고 괴로웠던 여행을 한 적이 있다. 장시간 비행의 무료함을 달래기 위해 무심코 〈파운더(The Founder)〉라는 영화를 골라 틀었다. 이 영화는 연이은 외국 출장과 실적 압박에 지친 나에게 한 모금의 신선한 청량제 같았다. 이 영화의 스토리는 당시 50을 향해가면서 이제 새로 시작해야 할까 아니면 기존의 것을 정리해야 할까 고민하던 나에게 적잖은 충격파를 던져주었다.

영화는 세계 어디를 가도 만날 수 있는 맥도날드 햄버거 회사의 창립과 발전에 대한 이야기를 다루고 있다. 흔히 볼 수 있는 대박 인생 성공 스토리이지만, 오리지널리티(독창성)와 영혼을 담고 있는 장인 정신이 자본주의 사업가 정신을 이기기는 어렵다는 쓸쓸한 메시지도 담고 있다.

미국 전역에 셰이크 기계를 팔며 돌아다니던 레이 크록(마이클 키튼 분)은 우연히 포드의 자동화 시스템만큼이나 효율적인 맥도날드 형제의 햄버거 가게를 보게 된다.

그는 두 형제와 사업 계약을 맺고 점포를 획기적으로 확장한다. 그러나 가게의 전통과 인간미를 지키려는 맥도날드 형제와 돈맛을 알게 된 레이 크록 사이에 갈등이 생겼고, 결국 레이 크록은 자본의 힘으로 맥도날드 햄버거를 완전히 자기 것으로 만든다. 이후 레이 크록은 더 막대한 자본과 토지 사업으로 햄버거 회사를 세계적으로 성공시킨다.

내가 20대에 이 영화를 봤다면 아마 끝까지 보지 않았을지 모른다. 스토리가 진부하고 결말이 뻔한 영화이기 때문이다. 설사 끝까지 봤다 해도, 비윤리적이고 비도덕적인 성공을 비판하는 영화라고 생각했을 것이다.

지금의 내가 이 영화를 재미있게 본 이유는 영화의 주인공과 내가 서로 맞닿는 지점이 많았기 때문일 것이다. 레이 크록은 나이 50에 새로운 도전 목표를 찾았고, 그 도전에 확신을 가졌으며, 확신대로 목표를 이루었다. 중년의 성공 스토리를 담은 이 영화는 이제 중년이 된 나도 뭔가 새로운 것에 도전해 성공할 수 있다는 설렘을 갖게 했다. 하지만 현실이 어디 그리 만만한가? 도전하기도 전에 어려울 거라고 지레 겁먹고 미리 포기해버리거나,

아예 도전 자체를 머릿속에서 지워버리기 일쑤인걸. 불안한 마음을 뒤로하고 내 안의 도전 의지를 불태우며 성공을 다짐하지만, 알다시피 성공 신화라는 건 누구에게나 주어지는 게 아니다. 인생 후반기에 접어든 중년에게 필요한 것은 성공 그 자체보다 인생의 궁극적 목표일지 모른다.

자라나는 청소년 시기에야 꿈을 가지고 이것저것 많은 목표를 세워보지만, 성인이 되어서도 계속 뜬구름 잡는 꿈만 가지고 목표를 세우는 것 역시 곤란한 일이다. 정년퇴직 후에 새로운 분야에 뛰어들어 성공하는 사람들을 보면, 자신이 무엇을 잘하고 못 하는지 역량을 냉철하게 파악한다. 그 안에서 자신의 소질을 발견하고, 어디에 초점을 맞추어야 하는지 정확히 알고 접근하는 사람들이 성공을 거머쥔다.

도전을 꼭 성공으로 마무리하지 않아도 괜찮다

49세 A씨는 어렸을 적 꿈이 학교 선생님이었다. 아이들을 가르치면서 틈틈이 글을 써서 시집을 출간하는 게 소원이었다. 그런데 집안 형편이 어려워 간신히 고등학교를 졸업하고, 대학 진학은 포기한 채 결혼을 해서 딸아이를 하나 낳았다. A씨는 대학 진학을 못한 자신의 처지가 너무 억울해서 정말 열심히 살았다. 김밥집에서부터 가정집 파출부, 건물 청소 등 안 해본 일이 거의 없었다. 불행히도 남편은 술을 너무 좋아해서 집안 형편이나 딸 아이 교육에 도움을 주지 못했다. A씨는 그 스트레스로 불면이 지속되었고, 우울감과 수면 조절을 위해 진료실을 방문했다.

A씨는 불면이 심한 밤에는 책을 읽거나 드라마를 봤다. 그리고 서평이나 드라마 감상평을 적기 시작했다. 도서관과 책방에서 인기 있는 소설이나 수필집은 거의 다 섭렵했다. 대학에 가서 공부를 하지 못한 한이라도 달래듯 감상평을 적은 노트는 점점 쌓여 갔다.

A씨는 언제부터인가 공부를 등한시하는 딸이 걱정되었다. 딸아이는 똑똑했지만, 친구를 너무 좋아하고 노는 것을 좋아했다. A씨는 딸이 학업에 관심을 갖도록 설득하던 중에 직접 논술 지도를 하게 되었다. 몇 번 엄마에게 논술 지도를 받은 딸은 실력이 크게 늘었고, 자기 친구들까지 데려왔다. 졸지에 A씨는 동네에서 유명한 논술

지도 선생님이 되었다.

　A씨는 아이들이 논술을 배우러 아침 8시에 오건 밤 10시에 오건 상관하지 않고, 밥도 지어 먹이고 간식도 챙겨주면서 정도 나누고 공부도 가르쳐주었다. A씨는 이제 더 이상 약으로 수면을 조절하지 않는다.

　나이가 들수록 삶의 목표가 없다고 말하는 사람이 많다. 새로운 도전을 하려는 야망 자체도 사그라든지 오래다. 이럴 때는 한번쯤 내 인생의 궁극적 목표를 떠올려볼 필요가 있다. 위에 소개한 A씨는 자신의 역량과 소질을 발휘해 어릴 적 꿈과 근접한 인생의 궁극적 목표를 이루어나가고 있다. 긍정적인 목표에는 항상 의미가 담겨 있다. 최종 목표로 가는 과정에서 기회나 도전을 꼭 성공으로 마무리할 필요는 없다. 큰 성공을 거두지는 못했지만 하루하루 열심히 살아가는 우리의 평범한 삶도, 도전하는 과정 속에 큰 감동이 있기 때문이다.

나를 믿어라.
인생에서 최대의 성과와 기쁨을 수확하는
비결은 위험한 삶을 사는 데 있다.

-니체

우울척도

지난 2주 동안 다음의 문제들로 인해서 얼마나 자주 방해를 받았는지 "V"로 체크해주세요.

문 항	전혀 방해 받지 않았다	며칠 동안 방해 받았다	7일 이상 방해 받았다	거의 매일 방해 받았다
1 일 또는 여가활동을 하는 데 흥미나 즐거움을 느끼지 못했다.				
2 기분이 가라앉았거나, 우울하거나, 희망이 없었다.				
3 잠이 들거나 계속 잠을 자는 것이 어렵거나, 또는 잠을 너무 많이 잤다.				
4 피곤하다고 느끼거나 기운이 거의 없었다.				
5 입맛이 없거나 과식을 했다.				
6 자신을 부정적으로 보았다. 혹은 자신이 실패자라고 느끼거나 자신 또는 가족을 실망시켰다.				
7 신문을 읽거나 TV 보는 것과 같은 일에 집중하는 것이 어려웠다.				
8 다른 사람들이 주목할 정도로 너무 느리게 움직이거나 말을 했다. 또는 반대로 평상시보다 많이 움직여서, 너무 안절부절못하거나 들떠 있었다.				

9 죽는 것이 더 낫다고 생각하거나 누 군가 어떤 식으로든 나를 해칠 것이 라고 생각했다.			

만일 당신이 위의 문제 중 하나 이상 '예' 라고 응답했다면, 이러한 문제들로 인해 서 당신은 일을 하거나 가사를 돌보거나 다른 사람과 어울리는 것이 얼마나 어려 웠나요? "√"로 체크해주세요.

전혀 어렵지 않았다	약간 어려웠다	많이 어려웠다	매우 많이 어려웠다

0 (전혀 그렇지 않다)	**0-4** : 최소 (Minimal)
1 (며칠)	**5-9** : 약간 (Mild)
2 (7일 이상)	**10-14** : 중간 (Moderate)
3 (거의 매일)	**15-19** : 중증도 중증 (Moderately severe)
총합: 0-27	**20-27** : 중증 (Severe)

● Pfizer Inc.로부터 교육용 지원금을 받아 Robert L. Spitzer 박사, Janet B.W. Williams 박사, Kurt Kroenke 박사와 동료들에 의해 개발된 것임. 복제, 번역, 전시 또는 배포를 위 해 허가가 필요하지 않음.

불안척도

지난 2주 동안 다음의 문제들로 인해서 얼마나 자주 방해를 받았는지 "V"로 체크 해주세요.

문 항	전혀 방해 받지 않았다	며칠 동안 방해 받았다	2주 중 절반 이상 방해 받았다	거의 매일 방해 받았다
1 초조하거나 불안하거나 조마조마함을 느꼈다.				
2 걱정을 멈추거나 조절하기가 힘들었다.				
3 여러 가지 것들에 대해 걱정을 너무 많이 했다.				
4 편하게 있기가 어려웠다.				
5 너무 안절부절못해서 가만히 있기가 힘들었다.				
6 쉽게 짜증이 나거나 쉽게 화를 냈다.				
7 마치 끔찍한 일이 생길 것처럼 두려웠다.				

0 (전혀 그렇지 않다)
1 (며칠)
2 (절반 이상)
3 (거의 매일 그렇다)
9점 이상이면 – 불안 높음

• Pfizer Inc.로부터 교육용 지원금을 받아 Robert L. Spitzer 박사, Janet B.W. Williams 박사, Kurt Kroenke 박사와 동료들에 의해 개발된 것임. 복제, 번역, 전시 또는 배포를 위해 허가가 필요하지 않음.